WUTMANAGEMENT FÜR ELTERN

DER ULTIMATIVE LEITFADEN, UM DEINE AUSLÖSER ZU VERSTEHEN UND NICHT MEHR DIE BEHERRSCHUNG ZU VERLIEREN, DEINE GEFÜHLE ZU BEHERRSCHEN UND SELBSTBEWUSSTE KINDER ZU ERZIEHEN

VIVIAN FOSTER

INHALT

Einführung 9

1. DIE URSPRÜNGE DES ZORNS 19
Was ist die Quelle der Wut? 20
Die Kehrseite der Wut 21
Das sympathische und das parasympathische System 24
Die schädlichen Auswirkungen von Wut 25
Wut wirkt sich auf andere aus 28
Wie äußert sich die Wut? 30
Arten von Wut 31
Wie sich Wut auf dein Kind auswirkt 35
Die Auswirkungen von Schreien 37
Kinder spiegeln die Wut ihrer Eltern wider 38
Warum werden Eltern so wütend auf ihre Kinder? 39
Jeder wird manchmal wütend 41

2. IST ES WIRKLICH DIE SCHULD DEINES KINDES? 45
Wissen, was als normales Verhalten angesehen wird 46
Die Dinge, die dich ausrasten lassen 47
Warum lassen wir unsere Wut an anderen aus? 52
Warum lässt du deine Wut an deinen Kindern aus? 56
Ist es wirklich die Schuld deines Kindes? 62
Vermeide es, dein Kind zu etikettieren 63
Kinder sind verletzlich 64
Den Kindern eine Pause gönnen 65

Die überraschenden Vorteile des Freispiels 67
Reduziere die Macht externer Ereignisse, dich wütend zu machen 68
Blockierte Emotionen loslassen 70

3. LASS DICH NICHT VON DEINEN EMOTIONEN BEHERRSCHEN 73
Die Bedeutung des Ausdrucks von Gefühlen 75
Emotionsregulierung vs. Aggression 76
Den Zusammenhang zwischen deinen Gedanken, Emotionen und Gefühlen verstehen 78
Proaktiv statt reaktiv sein 81
Welche Strategien nutzen emotional intelligente Menschen, um ihre Emotionen auf gesunde Weise auszudrücken? 84
Positive Wege, deine Gefühle auszudrücken 87
Unterschiedliche Strategien für unterschiedliche Emotionen 88
Positive Verhaltensänderungen vornehmen 89

4. KLARE UND WIRKSAME KOMMUNIKATION IST UNERLÄSSLICH 99
Was ist wirksame Kommunikation? 99
Hindernisse für eine gute Kommunikation erkennen 100
Die Säulen der effektiven Kommunikation 102
Wie du effektiv mit anderen kommunizierst 108
Wie du effektiv mit deinem Kind kommunizierst 110

Tipps für die Kommunikation, wenn du bereits in der Hitze des Gefechts steckst 121
Klare Grenzen setzen 125

5. DEIN KIND WIRD DEINE ENERGIE SPIEGELN 139
Dein Kind ist dein perfekter Spiegel 140
Die Gehirne von Kindern entwickeln sich noch 141
Kinder nehmen deinen Stress auf 142
Kinder brauchen Grenzen 142
Grenzen und Erziehungsstile 143
Kinder können deine Ängste widerspiegeln 145
Positive Verhaltensweisen vorleben 147
Kindern Dankbarkeit beibringen 149
Wut durch einen gesünderen emotionalen Zustand ersetzen 151
Deine Wut in Schach halten, wenn deine Kinder einen Ausraster haben 152
Die Wut deines Kindes umlenken 153
Warum du ruhig bleiben solltest 155
Gelassenheit als Qualität 156

6. KINDER WOLLEN EINFACH NUR GELIEBT WERDEN 159
Liebe fördert eine gesunde Gehirnentwicklung bei Kindern 160
Ein liebevolles Zuhause stärkt das Selbstvertrauen 161
Liebe und das Wachstumsdenken 163
Deine Reaktion auf Scheitern ist wichtig 163
Fehlende elterliche Wärme ist mit Gesundheitsrisiken verbunden 164
Auch Kinder brauchen positive Aufmerksamkeit 165
Wege, positive Aufmerksamkeit zu zeigen 166

Positive Aufmerksamkeit unterscheidet sich je nach Alter deines Kindes 166
Validierung ist ein mächtiges Erziehungsinstrument 169
Deinem Kind Liebe zeigen 171
Die Vorteile der bedingungslosen Liebe 177
Liebe entsteht aus Verständnis und Empathie 179

7. SEI WUTAUSLÖSENDEN SITUATIONEN EINEN SCHRITT VORAUS 183
Emotionales Gleichgewicht und Glück in deinem Leben 188
Ein glücklicheres Leben führen 188
Identifizieren und Verstehen deiner Auslöser 195
Analysiere deine Reaktion auf Auslöser 197
Deine Emotionen beherrschen 199
Eine Pause einlegen und auslösende Situationen umgestalten 199
Freundlich mit anderen kommunizieren 200
Investiere Zeit in deine Heilungsreise 201
Identifizierung der Auslöser deines Kindes 202
Deinem Kind helfen, seine Auslöser zu erkennen 204
Verharmlose die Wut deines Kindes nicht und lass dich nicht auf sie ein 206
Kindern Bewältigungsstrategien beibringen 207
Kindern zeigen, dass sie Macht über ihre Emotionen haben 207
Den Kindern Konsequenzen für ihre Handlungen geben 208
Kein Schwächling sein 208
Eine Liste mit Lösungen und einen guten Fluchtplan erstellen 208

Deinem Kind das Geschenk der Freizeit machen 209
Natürliche Entspannungsmethoden nutzen 210
Vergiss nicht, Spaß mit deinen Kindern zu haben 211

Fazit 213
Referenzen 221

EINFÜHRUNG

Wut löst keine Probleme. Sie baut nichts auf, aber sie kann alles zerstören.

— LAWRENCE DOUGLAS WILDER

Rund 84% der Menschen in den USA sind heute wütender als noch vor einer Generation, und diese Zahlen finden sich auch in anderen Teilen der Welt wieder. In Großbritannien zum Beispiel gab fast ein Drittel der Befragten an, dass sie einen engen Freund oder ein Familienmitglied haben, das ein Problem mit dem Umgang mit Wut hat. Wut kann nicht nur der Person schaden, die sie erlebt, sondern auch ihren

Kindern schaden. Manchmal kann Wut auch missbräuchlich sein.

Eine in der Fachzeitschrift *Development and Psychopathology* veröffentlichte Studie (Suffren et al., 2021) hat gezeigt, dass harte Erziehungspraktiken, die nicht als schwere Misshandlung gelten (wie Schlagen, Schütteln oder Schreien), langfristige Auswirkungen auf das Gehirn von Kindern haben, einschließlich einer verringerten Gehirngröße. Frühere Studien hatten bereits gezeigt, dass Kinder, die schwere Misshandlungen erleben, kleinere Gehirnstrukturen haben, die mit emotionaler Regulierung, Angst und Depression in Verbindung stehen. Es gibt auch einen Zusammenhang zwischen schädlichen Verhaltensweisen wie Mobbing, Drogenmissbrauch und emotionalem Aufruhr in der Kindheit.

Wut ist ein grundlegendes menschliches Gefühl, das konstruktiv und nicht destruktiv sein kann, wenn man es gut beherrscht. Wenn du ein Elternteil bist - besonders wenn du viel zu tun hast - kann es fast so aussehen, als sei es unmöglich, die Wut zu kontrollieren. Nehmen wir ein typisches Szenario: Dein Kind fragt während des Mittagessens nach einem Spielzeug oder einer Spielerei, mit der es laut deiner Anweisung während der Mahlzeiten nicht spielen darf. Dein Kind versucht dann vielleicht mit verschiedenen Taktiken, das Gewünschte zu bekommen: Es schreit, weint, zerrt an deinem Hemd - und das alles vor den Augen seiner Freunde. Du bittest es ein-, zwei- oder dreimal höflich, damit aufzuhören, und dann hast du das Gefühl, dass du gleich explodieren würdest. Du knirschst mit den Zähnen, erhebst deine Stimme oder schiebst ihre Hände unsanft vom Spielzeug weg, und dein Herz beginnt zu pochen. Du fühlst dich hilflos, wünschst dir, dein Kind wäre etwas anderes als dieses willensstarke Wesen, das dich anschreit, und du fühlst ein tiefes Gefühl der Scham, wenn du merkst, dass die anderen am Tisch das ganze Fiasko mit ansehen. Zu allem Übel hattest du einen schrecklichen Morgen auf der Arbeit und wolltest eigentlich nur ein leckeres Essen mit deinen Lieben genießen. Warum scheint es so, als würden die Kinder aller anderen auf das hören, was sie sagen, und warum scheint niemand so aufgeregt und "außer Kontrolle" zu sein, wie du dich gerade fühlst?

Wenn du explodierst und dein Kind in sein Zimmer schickst und es weiterhin schreit und brüllt, kannst du dich wie die größte Enttäuschung auf dem Planeten fühlen. Du bemühst dich so sehr, es richtig zu machen, aber je älter dein Kind wird, desto schlimmer scheinen die Spannungen und das Geschrei zu werden, anstatt besser. Vielleicht machst du dir auch Sorgen, dass diese Wutanfälle immer heftiger werden oder immer länger dauern. Vielleicht hast du das Gefühl, immer weniger die Kontrolle zu haben und erinnerst dich an deine eigene Kindheit und an die unangenehmen Episoden, die du mit deinen Eltern erlebt hast. Du hättest dich nie getraut, so mit ihnen zu reden, deine Stimme zu erheben oder dich zu wehren, wenn sie dich zum Schweigen brachten. Wie bist du an diesen hilflosen Punkt in deinem Leben gekommen und wie kannst du den Schalter umlegen, solange du noch genug Zeit hast?

Mein Interesse an der Psychologie wurde in vielerlei Hinsicht durch meine eigenen Erfahrungen mit Wut geweckt. Ich wuchs in einem Elternhaus mit wenig Stabilität auf. Mein Vater war häufig unterwegs und arbeitete auf Ölplattformen in verschiedenen Teilen der USA. Wenn er zu Hause war, neigte er zu explosiven Wutausbrüchen, die man nie vorhersagen konnte. An einem Tag konnte er gut gelaunt sein, mit meiner älteren Schwester und mir scherzen und sich über sich selbst lustig machen, aber wenn wir am nächsten Tag auf diesen Humor eingingen, konnten wir mit einem verbalen Ausbruch oder, schlimmer noch, mit körperlicher Bestrafung rechnen. Auch meine Mutter fürchtete ihn, und manchmal, um seine Wut zu besänftigen, stellte sie sich auf seine Seite, anstatt uns zu verteidigen, und schrie uns ebenfalls an, bevor er noch wütender wurde und uns mit seinem Gürtel bestrafte. Ich weiß noch, wie ich in meinem Zimmer weinte und wie erniedrigt und herabgesetzt ich mich fühlte. Der Gürtel tat weh, aber seine Worte schmerzten mehr. Er beleidigte uns oft dort, wo es am meisten wehtat: Er beleidigte unser Aussehen, unsere Intelligenz oder unsere Persönlichkeit.

Entschlossen, bei meinen eigenen Kindern nicht die gleichen Fehler zu machen und anderen Opfern von Wut zu helfen, habe ich mein Leben der Psychologie gewidmet, die ich nun schon seit zwei Jahrzehnten studiere. In den letzten 15 Jahren habe ich mich fast ausschließlich mit der Entwicklung von Kindern und der Erziehung beschäftigt, da ich aus erster Hand weiß, wie viel Schaden ein chaotisches Umfeld beim Aufwachsen anrichten kann. Während meines Studiums habe ich auch an meinem Trauma gearbeitet, und die Therapie hat mir geholfen, mich aus dem Loch zu befreien, in dem ich mich so viele Jahre versteckt hatte. Neben der Therapie half mir das Studium, mich von meinen Erfahrungen zu distanzieren und alle - mich selbst, meinen Vater, meine Mutter und meine Schwester - aus der Ferne zu betrachten. Als ich das tat, war ich überrascht von dem tiefen Mitgefühl, das ich für alle Beteiligten empfand - auch für meine Eltern. Ich wusste, dass sie ihre Wut viel positiver hätten kanalisieren können, wenn sie die Informationen, Fähigkeiten und Erfahrungen gehabt hätten, die ich jetzt habe, und sie genutzt hätten, um Veränderungen zu bewirken, anstatt ihrer zerstörerischen Kraft zu erliegen.

Ich hoffe, dass ich die vielen Lektionen teilen kann, die ich gelernt habe, indem ich anderen geholfen und daran gearbeitet habe, meine eigene Perspektive zu ändern. Zunächst möchte ich dir erklären, was Wut eigentlich ist und dass sie nichts mit deinem Kind zu tun hat. Wenn du deine Auslöser kennst und lernst, die Anzeichen von Wut zu erkennen, kannst du lernen, deine Emotionen zu kontrollieren und besser mit deinen Lieben umzugehen.

Das Traurige an der Wut ist, dass die wichtigen Botschaften, die du ausdrücken willst, oft in Angst, Scham, Schuldgefühlen und Ablehnung untergehen, wenn du sie einsetzt. Wenn du diese Emotion jedoch weise einsetzt, kannst du wirklich zu deinen Lieben durchdringen und die Ziele erreichen, die du dir gesetzt hast. Du brauchst vielleicht Zeit und Geduld, aber nach und nach wirst du echte Veränderungen sehen - vor allem in der Art und Weise, wie du Momente verarbeitest und mit ihnen umgehst, die in der Vergangenheit schmerzhafte Ausbrüche verursacht haben.

Du wirst auch mehr darüber erfahren, wie sich die Wutbewältigung auf die künftige Fähigkeit deines Kindes auswirkt, mit seiner Wut umzugehen und sie gegenüber seinen Angehörigen, Kollegen und Bekannten auszudrücken. Wenn dein Kind schreit, weint, Türen zuschlägt oder sich weigert, das zu tun, was du von ihm verlangst, kann es schwer sein zu erkennen, dass du dich im Grunde selbst im Spiegel betrachtest. Richtig, sie könnten von dir gelernt haben, wie man mit Gefühlen wie Frustration, Traurigkeit und Wut umgeht.

Liebe ist die Antwort auf alles - vor allem, weil sie ein mächtiger Motivator für uns sein kann, um notwendige Veränderungen vorzunehmen. Die Konfliktlösungs- und Wutbewältigungsmuster, die wir als Kinder gelernt haben, lassen sich nur sehr schwer wieder verlernen. Außerdem hat jeder von uns seine bevorzugte oder "natürliche" Art, auf Situationen zu reagieren, die uns auslösen, und das Erlernen einer gesünderen, produktiveren Strategie kann kontraintuitiv und daher zu schwierig erscheinen.

Oft können wir jedoch durch eine oder mehrere kleine Änderungen unseres Verhaltens die Art und Weise ändern, wie wir über die Situationen denken und fühlen, die uns einst die Fassung verlieren ließen. Wir können auch gesunde Verhaltensweisen annehmen, die uns helfen, unsere Ziele zu erreichen. Auch ein proaktiver Umgang mit Stress kann von großem Nutzen sein, denn er kann unsere Stimmung verbessern, uns helfen, besser zu schlafen und Schmerzen zu lindern.

Es wird dich vielleicht überraschen, dass es bei der Wutbewältigung nicht darum geht, starke Emotionen zu unterdrücken oder einfach ein paar Mal tief durchzuatmen. Es geht darum, bestimmte Schritte zu unternehmen, die Arbeit, echtes Engagement und Konsequenz erfordern. Um die gewünschten Ergebnisse zu erzielen, musst du deine Wünsche effektiv kommunizieren - und zuhören zu können ist wohl die wichtigste Grundlage für eine gute Kommunikation. Wenn du lernst, wirklich der Held deines Kindes zu sein, kannst du es ermutigen, deine eigene gesunde, positive Energie anzunehmen und zu spiegeln und sich selbst so sehr zu lieben, wie du es tust.

Eine der überraschendsten Lektionen, die ich in meinem eigenen Leben gelernt habe, war die Bedeutung der Liebe - ein Konzept, über das so oft gesprochen wird, das aber manchmal schwer authentisch zu leben ist. Es ist wichtig zu wissen, wie du deinem Kind Liebe auf eine Art und Weise zeigen kannst, die es versteht, aber auch so freundlich und mitfühlend zu dir selbst zu sein, wie du es zu ihm bist. Das gibt dir ein Gefühl der bedingungslosen Selbstakzeptanz, das dich auch in schwierigen

Situationen auf dem Boden der Tatsachen hält. Wenn du weißt, wer du bist, schmerzen alltägliche Misserfolge weniger und ihre Macht, einen Ausbruch zu provozieren, wird erheblich reduziert.

In diesem Buch gebe ich dir praktische Werkzeuge und Strategien an die Hand, mit denen du verhindern kannst, dass angespannte Situationen eskalieren. Dazu gehört das Ampelsystem, mit dem du herausfinden kannst, in welchem Stadium der Wut du dich befindest, damit du dich beruhigen und einen Wutausbruch vermeiden kannst. Indem du die mentalen und körperlichen Anzeichen von Wut wahrnimmst, deine und die Auslöser deines Kindes kennst, wirksame Stressabbautechniken anwendest und eine Reihe nützlicher Lösungen an Bord hast (sowie einen "Fluchtplan"), kannst du deine Wut optimieren und effektiver kanalisieren und ein glücklicheres und gesünderes Leben führen.

DIE URSPRÜNGE DES ZORNS

Wut ist eine Emotion, die durch Feindseligkeit gegenüber einer Person oder Sache gekennzeichnet ist, von der du glaubst, dass sie dir absichtlich Unrecht getan hat. Sie ist nicht zwangsläufig negativ, sondern ein menschliches Grundgefühl und kann ein starker Motivator für Veränderungen sein. Wut zeigt an, dass unsere Grenzen überschritten oder nicht respektiert wurden. Wenn wir wütend sind, rast unser Herz, unsere Atmung beschleunigt sich und unsere Wangen werden etwas rot - all das sind Zeichen für uns und andere, dass wir reagieren müssen, um eine wahrgenommene Bedrohung abzuwehren.

Wut kann die Folge davon sein, dass wir uns verletzlich fühlen oder Angst vor einem Angriff haben (Stosny, 2018). Sie ist ein Angriff auf unser Ego (unsere

Wahrnehmung, wer wir in unseren eigenen Augen und in den Augen anderer sind). Um uns zu schützen, werten wir die Person oder Situation, die eine subjektive Bedrohung für unsere Verletzlichkeit darstellt, manchmal ab oder erniedrigen sie. Wut wird manchmal verbal ausgedrückt, aber meistens macht sie sich in unserer Körpersprache bemerkbar. Wenn wir wütend sind, können wir den Kiefer zusammenbeißen, die Fäuste ballen, einen intensiven Augenkontakt herstellen oder die Stirn runzeln.

WAS IST DIE QUELLE DER WUT?

Wissenschaftler/innen glauben, dass die Fähigkeit, Wut zu empfinden, seit Millionen von Jahren in unserem Gehirn verankert ist (Devlin, 2019). Sie ist im Belohnungssystem unseres Gehirns verwurzelt und wird aktiviert, wenn unsere Realität nicht unseren Erwartungen entspricht. Unser Belohnungssystem löst Aktivitäten in der Amygdala aus (der Region des Gehirns, die hauptsächlich mit unseren emotionalen Prozessen in Verbindung gebracht wird). Zum Glück hält ein anderer Teil des Gehirns - der präfrontale Kortex (der für das Denken und die Entscheidungsfindung zuständig ist) - unsere Wut normalerweise in Schach und hält uns davon ab, etwas zu tun, was wir bereuen könnten.

Wut kann die "Kampf- oder Fluchtreaktion" des Körpers auslösen, die uns darauf vorbereitet, einem Feind gegenüberzutreten oder vor ihm zu fliehen. Wenn diese Reaktion ausgelöst wird, strömt das Blut aus dem Darm in die Muskeln und unsere Herz- und Atemfrequenz steigt (ebenso wie unsere Temperatur). Die Nebennieren überfluten den Körper mit Stresshormonen wie Testosteron und Adrenalin und bereiten uns auf die körperliche Verteidigung vor. Diese Reaktion sollte uns in unseren Höhlenmenschentagen helfen, wenn wilde Tiere oder Feinde Leib und Leben bedrohten. In der heutigen Zeit ist echte Gefahr jedoch selten und die "Kampf- oder Fluchtreaktion" kann eine Reihe von Problemen auslösen, die von Angstzuständen bis zu Phobien reichen. Sie kann es auch unmöglich machen, mit einer anderen Person zu argumentieren oder mit ihr auf ruhige, effektive Weise zu kommunizieren.

DIE KEHRSEITE DER WUT

Wut hilft uns nicht nur, uns in Situationen zu verteidigen, in denen wir uns vor einem Feind oder einer drohenden Gefahr schützen müssen, sondern hat auch viele Vorteile. Einer davon ist der Stressabbau. Wut kann körperlichen und emotionalen Schmerz und Kummer verursachen, was uns dazu veranlasst, etwas zu tun, um diese Empfindungen zu beseitigen. Wenn wir unsere Anspannung abbauen, kommt der Körper in einen ruhigeren Zustand, in dem es leichter ist, mit anderen zu diskutieren und unsere Reaktionen auf die Person oder Situation zu verstehen, die unseren Ärger ausgelöst hat.

Wut kann dazu führen, dass wir uns weniger verletzlich fühlen und mehr darauf bedacht sind, unsere Grenzen durchzusetzen und zu fordern, dass sie respektiert werden. Sowohl bei der Arbeit als auch in unseren sozialen Beziehungen kann uns diese starke Emotion helfen, für uns selbst einzustehen, vor allem wenn wir das Gefühl haben, dass jemand versucht, unsere Freundlichkeit auszunutzen.

Manchmal kann Wut ein Hinweis auf ein Hindernis sein, das unserem Glück im Weg steht. Wenn uns eine Person oder eine Situation häufig oder regelmäßig provoziert, kann das ein Zeichen dafür sein, dass wir an unseren Beziehungen arbeiten, öfter Nein sagen oder sogar eine neue Seite im Leben aufschlagen müssen - vor allem, wenn wir das Gefühl haben, dass wir Opfer von Ungerechtigkeit sind. In manchen Fällen ist es nicht die Lösung, zu gehen. Stattdessen kann Verhandeln der richtige Weg sein, um weiterzukommen. Wut kann ein nützliches Verhandlungsinstrument sein, denn sie kann dir helfen, deinen Standpunkt zu vertreten und deine Bedingungen unmissverständlich zu formulieren.

Oft ist Wut ein Mittel, um schmerzhafte Gefühle zu verdrängen. Wenn dich zum Beispiel dein Partner verlässt oder du gekündigt wirst, ist Wut eine Möglichkeit, Traurigkeit und Depressionen (zumindest vorübergehend) zu vermeiden, da du deine Gefühle auf jemand (oder etwas) anderes richten kannst.

Die Fähigkeit, Wut zu spüren, zu erkennen und zu besänftigen, ist ebenfalls ein starkes Zeichen für emotionale Intelligenz. Nur wer sich seiner selbst bewusst ist, zieht selbst aus den schmerzhaftesten Emotionen positive Lehren. Das macht dich widerstandsfähiger gegenüber den Wechselfällen des Lebens und ermöglicht es dir, deine Handlungen und Gefühle von deiner Identität zu trennen.

Wenn du an dein Leben zurückdenkst, gibt es wahrscheinlich viele Situationen, in denen du deine Wut auf gesunde Weise zum Ausdruck bringen musstest. Dazu können Verletzungen der Bürger- und Menschenrechte, gesundheitliche Ungleichheiten, Einsamkeit, finanzielle Probleme und sogar Situationen gehören, die dich verwirrt oder frustriert haben. Das Problem mit der Wut liegt nie darin, sie zu empfinden, sondern darin, sie auf eine Weise auszudrücken, die dir oder anderen schaden kann. Der Musiker John Mayer hat den Nagel auf den Kopf getroffen, als er sagte: "Der emotional intelligente Mensch ist in vier Bereichen kompetent: Emotionen erkennen, Emotionen nutzen, Emotionen verstehen und Emotionen regulieren."

DAS SYMPATHISCHE UND DAS PARASYMPATHISCHE SYSTEM

Wut wirkt sich negativ auf unsere Gesundheit aus, wenn sie ein Ungleichgewicht zwischen unserem Sympathikus und unserem Parasympathikus verursacht. Ersterer ist für die "Kampf- oder Fluchtreaktion" verantwortlich, während der Parasympathikus für die Aufrechterhaltung der Homöostase oder des Gleichgewichts zuständig ist. Beide Systeme müssen optimal funktionieren (ähnlich wie bei einem Auto, bei dem sowohl das Gaspedal als auch die Bremsen funktionieren müssen, damit es wie vorgesehen funktioniert). Wenn du unter chronischem Stress stehst und zu häufig wütend bist, ist das ein Zeichen dafür, dass dein Sympathikus und Parasympathikus nicht mehr harmonisch zusammenarbeiten.

DIE SCHÄDLICHEN AUSWIRKUNGEN VON WUT

Wut kann sich auf vielfältige Weise auf deine körperliche und geistige Gesundheit auswirken, deine Widerstandskraft gegen Krankheiten verringern und eine Fülle von Reaktionen in Gang setzen, die Entzündungen, vorzeitige Alterung und andere Gesundheitsprobleme fördern können.

Wut und das Immunsystem

Menschen, die oft wütend sind, können häufiger krank werden als Menschen, die ruhig sind. Es wurde zum Beispiel festgestellt, dass verletzte Patienten, die ihre Wut unterdurchschnittlich gut kontrollieren können, langsamer heilen als diejenigen, die ihre Wut besser kontrollieren können. Zahlreiche Studien haben auch gezeigt, dass chronische Stresssituationen die Immunabwehr schwächen und die Antikörperproduktion des Körpers bei Grippe- und Pneumokokkenimpfungen deutlich verringern. Positive Emotionen und angeleitete Entspannung werden dagegen mit einer Verbesserung der zellvermittelten Immunität und der Antikörperreaktion auf Infektionen in Verbindung gebracht.

Wut und das Herz

Wut wirkt sich negativ auf viele Körpersysteme aus. Eine Studie (European Society of Cardiology, 2014) ergab, dass Wutausbrüche in den zwei Stunden danach Herzinfarkte, Schlaganfälle und andere Herz-Kreislauf-Probleme auslösen können. Das Risiko eines Herzinfarkts zum Beispiel steigt fast um das Fünffache, und wer bereits Herz-Kreislauf-Probleme hat, kann sogar noch stärker betroffen sein.

Eine andere Studie (Duke University Medical Center, 2004) zeigte, dass Menschen, die zu Wut und Feindseligkeit neigen und leichte bis mittelschwere Depressionen haben, höhere Werte des C-reaktiven Proteins aufweisen (das Herz-Kreislauf-Erkrankungen und Schlaganfälle begünstigt). Wie der Forscher Edward Suarez feststellte, bringen die meisten Menschen Herzkrankheiten mit Rauchen, Bewegungsmangel, hohem Cholesterinspiegel und anderen Faktoren in Verbindung, aber auch psychologische Faktoren wie Wut können einen großen Einfluss auf die Gesundheit des Herzens haben.

Wut und Lungenkraft

Du brauchst vielleicht viel Lungenkraft, um feindselige Worte zu schmettern, aber Wut beschleunigt den natürlichen Rückgang der Lungenkraft, der mit dem

Alter eintritt. Eine Studie (*BMJ Specialty Journals*, 2006) zeigte, dass die Lungenfunktion bei männlichen Teilnehmern, die ein hohes Maß an Wut und Feindseligkeit zeigten, deutlich geringer war. Die Autoren stellten fest, dass es "schwer ist, eine Krankheit zu finden, bei der Emotionen oder Stress absolut keine Rolle bei der Schwere der Symptome, der Häufigkeit oder der Intensität der Schübe spielen". Tatsächlich zeigte eine Studie (Wiley-Blackwell, 2010), dass negative Emotionen wie Wut und Traurigkeit die Schmerzwahrnehmung bei Frauen mit und ohne Fibromyalgie verstärkten.

Wut und allgemeine körperliche Gesundheit

Negative emotionale Schwierigkeiten werden mit einer Vielzahl von medizinischen Problemen in Verbindung gebracht - darunter Kopfschmerzen, Asthma, Hautausschläge, Bluthochdruck, Herz-Kreislauf-Probleme und Geschwüre (Fernandez & Turk, 1994). Manchmal verursachen diese Krankheiten Unbehagen oder Schmerzen, die wiederum die Wut verschlimmern können. Menschen, die mit chronischen Schmerzen zu kämpfen haben, können ihre Wut verinnerlichen und werden dadurch anfälliger für Krankheiten wie Bluthochdruck. Andererseits sind Menschen, die ihre Emotionen nicht unter Kontrolle haben, zwar weniger anfällig für Bluthochdruck, dafür aber anfälliger für koronare Herzkrankheiten. Wut wirkt sich auf manchmal rätselhafte Weise auf den Körper aus, und Schmerz, Krankheit und Wut sind untrennbar miteinander verbunden.

Wut und deine psychische Gesundheit

Es besteht ein enger Zusammenhang zwischen Aggression und Angstzuständen. Eine Studie (Chung et al., 2019) ergab, dass Aggression (verbale oder nonverbale Aggression wie Wut und Feindseligkeit) eng mit Angst zusammenhängt. Studien haben gezeigt, dass reaktiv-aggressive Kinder (im Alter von sechs Jahren) ängstlicher sind als ihre nicht-aggressiven Mitschüler/innen. Bei älteren Kindern gelten auch Beziehungs- und körperliche Aggression als die stärksten Prädiktoren für Angst. Obwohl sich diese Studien nicht auf Ursache und Wirkung konzentrieren, weisen sie darauf hin, dass Aggression oft mit Angst einhergeht. Menschen, die zu Wut und Feindseligkeit neigen, leiden häufiger an Stimmungsstörungen wie Depression, Angst und Einsamkeit.

WUT WIRKT SICH AUF ANDERE AUS

Wut kann sich auch auf das Leben der Menschen in deinem Umfeld auswirken, da sie Stress verursachen und ein potenzieller Auslöser für psychische

Erkrankungen sein kann. Wut kann dich unsympathisch machen und dazu führen, dass andere dich weniger respektieren. Das wiederum kann einen Kreislauf explosiver Wutausbrüche in Gang setzen, der deiner Karriere und deinem Privatleben schaden kann.

Denke an Menschen, die an deinem Arbeitsplatz häufig befördert werden. Vielleicht fällt dir auf, dass die meisten von ihnen eine Eigenschaft gemeinsam haben: Sie können mit ihrem Ärger umgehen und bleiben auch im Alltag stabil. Sicher, sie haben vielleicht schlechte Tage und sind etwas kurz angebunden, wenn sie müde oder gestresst sind, aber du wirst sie wahrscheinlich nicht dabei erwischen, wie sie das Telefon zuknallen, Untergebene oder Vorgesetzte anschreien oder mit der Bürotür knallen. Die meisten Unternehmen können wenig mit Führungskräften anfangen, die eine wütende Körpersprache an den Tag legen oder sich selbst oder andere nicht respektieren. Schließlich kann das den Ruf des Unternehmens schädigen und die Kunden verärgern.

Wut kann auch deinen Beziehungen schaden. Unabhängig davon, wie sehr dich deine Freunde und deine Familie lieben, haben sie ihre Grenzen. Unkontrollierte Wut kann Brücken zu anderen Menschen abbrechen, weil sie zu einem Verlust von Respekt führt. Deine Kinder werden es vielleicht auch leid, dir zu gefallen, um deinem Zorn zu entgehen, und wenn sie zu Teenagern werden, verbringen sie vielleicht mehr Zeit allein in ihren Zimmern oder suchen tatsächlich nach einem Weg, um der Spannung zu Hause zu entkommen.

WIE ÄUSSERT SICH DIE WUT?

Wut kann in sechs Spektren eingeteilt werden (Fernandez, 2008). Diese sind: die Richtung der Wut (intern oder extern), der Ort der Wut (internalisierend vs. externalisierend), die Wutreaktion (Widerstand vs. Vergeltung), die Art der Wut (verbal vs. körperlich), die Impulsivität der Wut (kontrolliert vs. unkontrolliert) und das Ziel der Wut (wiederherstellend vs. bestrafend). Es ist wichtig zu wissen, wie du deine Wut verarbeitest und/oder ausdrückst (damit du auf Aspekte wie Impulsivität achten kannst), aber es ist auch wichtig, die Dimensionen der Wut zu beobachten, die deine Lieben ausdrücken. Du verbindest Wut zum Beispiel mit lautem Schreien und Gestikulieren, aber dein Kind verinnerlicht seine Wut, unterdrückt sie und versteckt sie, um dann beim kleinsten Auslöser zu explodieren.

ARTEN VON WUT

Forscher (Kapur, 2021) haben 10 Arten von Wut definiert: durchsetzungsfähige, verhaltensbedingte, chronische, urteilende, überforderte, passiv-aggressive, vergeltende, selbstverletzende, verbale und flüchtige Wut. Alle haben eine gemeinsame Konsequenz: Sie können sich nachteilig auf eine Person und ihre Angehörigen auswirken. Sie können persönliche und berufliche Ziele beeinträchtigen, den Aufbau und die Aufrechterhaltung von Beziehungen zu neuen Menschen erschweren und dich daran hindern, die Unterstützung und Hilfe zu erhalten, die du in wichtigen Momenten deines Lebens brauchst. Im Folgenden findest du eine kurze Beschreibung der einzelnen Wutarten:

- **Durchsetzungsfähige Wut:** Manchmal können Menschen mit Wut positive Veränderungen herbeiführen. Das ist der Fall, wenn sie sich darauf konzentrieren, sich selbst oder ihr Umfeld zu verbessern. Selbstbewusstes Ausdrücken von Wut kann andere motivieren und helfen, Angst, Stress und inakzeptable oder diskriminierende Handlungen und Verhaltensweisen anderer zu überwinden. Ein gutes Beispiel für selbstbewusste Wut ist, wenn

ein Kind eine gefährliche Handlung begeht (z. B. auf eine hohe Mauer klettern), vor der du es gewarnt hast. Wenn du dein Kind ruhig und höflich darauf hinweist, dass diese Handlung falsch ist, kannst du es tatsächlich erreichen und hast eine viel bessere Chance, dass es beim nächsten Mal sicherer spielt.
Durchsetzungsfähige Wut trifft manchmal ins Schwarze, manchmal aber auch nicht. Um nicht wütend zu werden, kann es helfen, sich darauf zu konzentrieren, die richtigen Strategien geduldig und wiederholt anzuwenden, auch wenn sie nicht sofort zum Erfolg führen.

- **Verhaltensbedingte Wut:** Menschen, die verhaltensbedingte Wut haben, können andere schikanieren, beleidigen oder belästigen und deren körperliche oder geistige Gesundheit oder Wohlbefinden beeinträchtigen.
- **Chronische Wut:** Diese Art von Wut wird oft von Menschen empfunden, die traumatische Situationen durchlebt haben oder in ihrer Kindheit ständig, häufig oder stark wütend waren. Sie kann Menschen daran hindern, gesunde, dauerhafte Bindungen zu anderen aufzubauen.
- **Beurteilende Wut:** Diese Art von Wut kommt zum Ausdruck, wenn eine Person die Arbeit

oder das Verhalten einer anderen Person nicht fair beurteilt, weil sie von negativen Emotionen überwältigt ist. Dieser Emotion liegt das Gefühl zugrunde, dass man besser oder schlechter ist als andere (mit anderen Worten, sie rührt von Ungleichheit her). Oft äußert es sich in einem Überlegenheitsgefühl, das andere Meinungen als die eigene abwerten kann.

- **Überwältigte Wut:** Wenn sich eine Situation in unserem Leben unserer Kontrolle entzieht, kann das zu einem Gefühl der Frustration und des Burnouts führen. Das kann passieren, wenn wir mehr Verantwortung übernehmen, als wir vernünftigerweise erfüllen können, und wir uns schließlich gestresst und frustriert fühlen.
- **Passiv-aggressive Wut:** Wut kann sich darin äußern, dass man Konfrontationen um jeden Preis vermeidet, um sie dann in Form von Sarkasmus, Sabotage, Spott oder Zaudern auszudrücken. Ein passiv-aggressiver Kollege oder eine passiv-aggressive Kollegin kann zum Beispiel absichtlich ein Projekt verzögern oder es unmöglich machen, mit ihm oder mit ihr Kontakt aufzunehmen.
- **Vergeltungszorn:** Diese Art von Wut zielt darauf ab, sich an denjenigen zu rächen, die uns ein vermeintliches Unrecht zugefügt haben. Sie

tritt häufiger bei Familienmitgliedern oder engen Freunden auf, die sich verletzt oder gekränkt fühlen und deshalb mit verletzenden Worten um sich schlagen. Wenn zwei Menschen diese Wutstörung haben, können sie versuchen, einen Streit zu "gewinnen", indem sie die andere Person endgültig ausschalten, indem sie ihre Entschlossenheit schwächen.

- **Selbstverletzende Wut:** Menschen mit geringem Selbstwertgefühl können diese Art von Wut durch negative Selbstgespräche, Selbstbeschädigung, Drogenmissbrauch und andere riskante Verhaltensweisen ausdrücken.
- **Verbale Wut:** Obwohl sie oft als weniger gefährlich angesehen werden als körperliche Äußerungen von Wut, können Worte verletzen und ein Leben lang Schaden anrichten. Verbale Wut kann sich in Anschreien, Beleidigungen, Spott, Mobbing und Demütigung äußern. Nach einem solchen Verhalten kann sich eine Person schämen und schuldig fühlen, weiß aber nicht, wie sie es wiedergutmachen kann.
- **Flüchtige Wut:** Eine extrem schädliche Art von Wut, die dazu führen kann, dass Angehörige und Kollegen aus Angst vor dem nächsten Ausbruch auf Zehenspitzen um eine Person herumgehen.

Es ist wichtig, die verschiedenen Arten von Wut zu erkennen, denn in jedem Fall können bestimmte Strategien helfen. Diejenigen, die ihre Wutausbrüche nicht kontrollieren können, können sich zum Beispiel auf Methoden wie kontrollierte Atmung verlassen, wenn sie Anzeichen wie einen schnelleren Herzschlag oder Hautrötungen bemerken. Diejenigen, die ihre Wut verbal äußern, können ihre Konfliktlösungsfähigkeiten verbessern, indem sie lernen, eine selbstbewusste, nicht verletzende Sprache zu verwenden, um ihren Standpunkt deutlich zu machen. Wenn eine Wutstörung schwerwiegend ist oder dazu führt, dass man sich selbst oder andere missbraucht, ist es wichtig, professionelle Hilfe in Anspruch zu nehmen, denn in manchen Fällen kann explosive und/oder ständige Wut zu ernsthaften körperlichen und/oder psychischen Schäden bei sich selbst oder anderen führen.

WIE SICH WUT AUF DEIN KIND AUSWIRKT

Deine Wut kann sich auf dein Kind auswirken und seine Gesundheit und sein Wohlbefinden gefährden, wenn es älter ist. Eine in der Zeitschrift *Developmental Psychology* veröffentlichte Studie (Calvete et al., 2015) hat gezeigt, dass Kinder, die zu Hause familiärer Gewalt (körperlich oder verbal) ausgesetzt waren, zu narzisstischen Teenagern heranwachsen können, die ihrerseits ihre Eltern körperlich oder verbal misshandeln. Weitere Faktoren können ein Mangel an liebevoller und positiver Kommunikation und ein Mangel an qualitativ hochwertiger Zeit mit den Eltern sein.

Eine andere Studie (Strayer, 2004) fand heraus, dass Eltern, die mit ihren Kindern induktiv oder argumentativ umgehen und ihnen helfen, die Konsequenzen ihres Handelns zu verstehen, dafür sorgen, dass die Kinder interne Regulierungs- und Planungsfähigkeiten erwerben. Außerdem verringern sie auch den Unmut ihrer Kinder. Im Gegensatz dazu erhöhen Erziehungspraktiken, die willkürlich Macht ausüben, die Frustration, Empörung und den Ärger der Kinder. Diese Situation wird noch verschlimmert, wenn es einem Elternteil an Wärme mangelt.

Kinder wütender Eltern sind weniger einfühlsam und können Probleme mit sozialer Interaktion und Konfliktlösung haben. Aggressives oder wütendes Verhalten ihrer Eltern kann auch langfristige Auswirkungen haben, z. B. ein höheres Risiko für Depressionen, Missbrauch in der Ehe und Probleme im Berufsleben. Wenn du Probleme mit der Wutbewältigung hast, kann sich das auf dein Kind und seine Familie über viele Jahre hinweg auswirken. Deshalb ist es wichtig zu erkennen, dass Wut schwerwiegende Folgen haben kann und dass es sich mehr als lohnt, Zeit und Mühe zu investieren, um sie proaktiv zu bewältigen.

DIE AUSWIRKUNGEN VON SCHREIEN

Es ist schon komisch, wie Menschen instinktiv ihre Stimme erheben, wenn sie wütend sind - vielleicht, um die Argumente anderer auszublenden und andere zu zwingen, sie wirklich zu hören. Wenn du schreist, erreichst du in der Regel genau das Gegenteil - dein Kind und andere geliebte Menschen verlieren den Respekt vor dir und "schalten ab", um ihren eigenen Frieden und ihr Wohlbefinden zu bewahren. Neuere Untersuchungen zeigen, dass das Schreien Kinder aggressiver macht, aber auch dazu führt, dass sie sich ängstlich und unsicher fühlen. Wenn das Schreien zudem von Beleidigungen oder Herabsetzungen begleitet wird, kann es auf emotionalen Missbrauch hinauslaufen und viele Erwachsene tragen immer noch die Narben der schmerzhaften und erniedrigenden Kommentare mit sich herum, die ihnen in ihrer Jugend gemacht wurden. Diese Kommentare können blitzschnell zurückkommen, so dass sie den Vorfall wieder erleben und ihr Selbstvertrauen beeinträchtigt wird. Schreien kann auch dazu führen, dass Kinder anfälliger für die Forderungen von Tyrannen werden, da ihr Verständnis von gesunden Grenzen verzerrt wird.

KINDER SPIEGELN DIE WUT IHRER ELTERN WIDER

Kinder, die in einem Elternhaus aufwachsen, in dem sich ihre Eltern gegenseitig anschreien, beschimpfen und verspotten, wiederholen diese Verhaltensweisen nicht nur bei ihren Eltern, sondern auch (wenn sie erwachsen sind) bei ihren Partnern und Kindern. Es macht Sinn, dass ein Kind die Konfliktlösungsstile wiederholt, die es zu Hause gelernt hat. Wenn sie zum Beispiel miterlebt haben, wie ihre Eltern in hitzige Auseinandersetzungen geraten und ein Elternteil diese in der Regel beendet, indem er das Haus verlässt und die Tür hinter sich zuschlägt, dann werden sie im Erwachsenenalter möglicherweise hitzige oder vermeidende Konfliktlösungsstile übernehmen.

Kinder können auch eine aggressive Persönlichkeit entwickeln, um sich gegen jeden zu schützen, der sie herabsetzt, respektlos behandelt oder anschreit, wenn sie älter sind. Sie können Mobbing-Verhaltensweisen annehmen und sich als jemand etablieren, den man fürchten muss, damit niemand sie verletzt. Auch diejenigen, die ihre Mitschüler/innen nicht schikanieren, können ihre Wut nutzen, um ihren Status oder ihre Autorität innerhalb einer Organisation oder einer Gruppe zu erhöhen.

WARUM WERDEN ELTERN SO WÜTEND AUF IHRE KINDER?

Alle Eltern sind wütend auf ihre Kinder, und bestimmte Umstände - z. B. die Arbeit von zu Hause aus, ein Job mit hohem Druck und der Zwang, unsere Kinder vor der Bildschirmabhängigkeit zu "retten" - können Eltern über den Siedepunkt bringen. Wenn du mehr als ein Kind hast, kann es fast unmöglich sein, an einer Telefonkonferenz teilzunehmen oder einen geliebten Menschen am Telefon zu betreuen, wenn zwei oder mehr Kinder einander anschreien, weinen oder sich gegenseitig das Spielzeug aus der Hand reißen. Wenn dir diese Szenarien nur allzu bekannt vorkommen, liegt das wahrscheinlich daran, dass sie der Stoff sind, aus dem der Alltag ist, vor allem, wenn du Kinder hast, die erst noch lernen müssen, vernünftig zu sein und ihre Wut zu kontrollieren. Von den vielen Aufgaben, die du als Elternteil hast, ist es aber wohl die wichtigste, deine Gefühle zu kontrollieren und deinen Kindern ein gutes Vorbild zu sein.

Manchmal reagieren wir wütend auf unsere Kinder, weil sie uns das Gefühl geben, die Kontrolle zu verlieren. Wenn wir ein Kind haben, das hochsensibel ist und schnell weint (zum Beispiel, wenn es einen Bleistift fallen lässt oder wenn jemand ihm ein Spielzeug wegnimmt, mit dem es gerade spielt), kann unser

Verstand zu den schlimmsten Schlussfolgerungen kommen. In diesem Fall denken wir vielleicht, dass unser Kind immer zu sensibel sein wird, um Freunde zu finden, sich vor Lehrern zu beherrschen oder erfolgreich mit Klassenkameraden an Gruppenprojekten zu arbeiten. Du könntest sogar zu dem Schluss kommen, dass ihre Wutanfälle auf dich als Elternteil zurückfallen und du dir die Schuld dafür gibst, dass du nicht weißt, wie du deinem Kind zur Vernunft verhelfen kannst.

Kinder können auch Erinnerungen an die Vergangenheit wecken. Sie können uns an ein forderndes, kontrollierendes oder perfektionistisches Elternteil erinnern, obwohl sie meist einfach noch nicht alt genug sind, um ihre Gefühle zu kontrollieren. Wenn du das Gefühl hast, dass deine Last zu schwer ist, halte inne und mach dir klar, dass diese spannungsgeladenen Momente nicht deine Beziehung zu deinem Kind bestimmen. Sie sind flüchtig und wenn du die Wutanfälle deines Kindes messen würdest, um zu sehen, wie lange sie andauern, würdest du überrascht feststellen, dass sie fast immer länger erscheinen, als sie tatsächlich sind. Nur weil deine Kinder weinen, heißt das nicht, dass sie sich beschweren. Nur weil sie ihr Spielzeug nicht gerne teilen, sind sie noch lange nicht egoistisch. Selbst wenn sie eines Tages während eines Wutanfalls ein Geschwisterkind schlagen, bedeutet das nicht, dass sie körperlich aggressiv sind.

Wenn du das Gefühl hast, dass du bei der Erziehung alles falsch machst, lehne dich zurück und erinnere dich an den Spruch: "Du bist viel mehr als das Schlimmste, was du je getan hast." Übertrage die Großzügigkeit dieses Satzes auf dein Kind und lenke den Fokus von ihm ab. Ein weiterer nützlicher Satz, den du dir merken solltest, steht in dem Buch *Why Won't You Apologize? Healing Big Betrayals and Everyday Hurts* (Lerner, 2017). Die Autorin schreibt: "Wenn wir eine bessere Beziehung haben wollen, müssen wir unser bestes und reifstes Selbst sein, anstatt auf die Reaktivität der anderen Person zu reagieren." Lerner fügt hinzu, dass einige der Beschwerden der anderen Person (in diesem Fall deines Kindes) wahr sein können, da niemand immer alles richtig macht.

JEDER WIRD MANCHMAL WÜTEND

Wut ist eine grundlegende menschliche Emotion (Williams, 2017). Die neurowissenschaftliche Forschung hat gezeigt, dass sie einen phylogenetischen (evolutionären) Ursprung hat und zum Überleben des Menschen beigetragen hat. Wut hat eine doppelte Funktion: Sie wirkt innerlich auf einen Druck, den wir überwinden müssen, oder auf ein Hindernis, dem wir gegenüberstehen, aber sie wirkt auch nach außen und verursacht manchmal Konflikte mit anderen. Die grundlegende Emotionstheorie besagt, dass sich die Wut, wie auch Freude, Traurigkeit und Angst, entwickelt hat, damit der Mensch Aufgaben und Herausforderungen bewältigen kann.

Wut kann ein Zeichen dafür sein, dass wir zu viel geben oder sogar den Wünschen anderer "nachgeben", ohne unsere eigenen Bedürfnisse oder unser eigenes Wachstum zu respektieren. Manchmal taucht sie aus dem Nichts auf, weil wir müde und gestresst sind oder weil wir zu wenig Schlaf haben. Manchmal köchelt es langsam vor sich hin und führt schließlich dazu, dass wir ausrasten, wenn wir uns nicht gewürdigt oder unserer grundlegenden Rechte beraubt fühlen, uns auszuruhen, uns weiterzuentwickeln oder einfach nur "zu sein".

Da Wut eine universelle menschliche Emotion ist, gibt es keine Möglichkeit, ihr zu entkommen, und ich hoffe, du wirst beim Lesen feststellen, dass du das nicht versuchen solltest - denn Wut erfüllt ihren Zweck und ist manchmal das Einzige, was dich davor schützt, mehr zu geben, als du kannst.

Du kannst Wut nicht vermeiden, aber du kannst kontrollieren, wie du mit ihr umgehst. Du kannst sie erkennen, dir erlauben, sie zu fühlen, und trotzdem kluge Entscheidungen darüber treffen, wie du sie anderen gegenüber ausdrückst. Es ist möglich, strategisch mit Wut umzugehen, innezuhalten und zu analysieren, was das Beste und Fruchtbarste ist, was du sagen oder tun kannst. Wenn die Dinge zu angespannt oder heiß werden, ist es manchmal das beste Geschenk, das du dir selbst machen kannst, wenn du dir Zeit nimmst, um allein zu sein. Eines der wichtigsten Dinge, die du über Wutmanagement lernen wirst, ist, dass du Zugang zu einer Reihe von Lösungen hast, die du je nach Situation oder Person auswählen kannst.

Dein Ziel als Elternteil ist es, einen ruhigen, gelassenen und klaren Spiegel zu bieten, an dem deine Kinder ihren eigenen Anker finden können - einen Anker, der es ihnen ermöglicht, sich in den schwierigsten Momenten ihres Lebens zusammenzureißen. Wenn du deine Wut im Zaum hältst, kannst du eine starke, positive emotionale Bindung zu deinem Kind aufbauen. Außerdem durchbrichst du damit die Kette von Gewalt, Aggression und Kontrollverlust, der manche Eltern als Kind hilflos gemacht hat.

Wenn du weißt, wie du mit deiner Wut umgehen kannst, hat dein Kind bessere Chancen, ein gesunder Erwachsener zu werden und ein liebevolles und unterstützendes Zuhause aufzubauen. Du hast die Möglichkeit, bestimmte Strategien zu erlernen und anzuwenden, die du mit der Zeit perfektionieren kannst. Wenn du nützliche Techniken ausprobierst, solltest du dich in Selbstmitgefühl üben und verstehen, dass es zu Rückschlägen kommen kann. Mach weiter, bis deine Reaktion auf Wut auf einer fundierten Analyse der Situation und der Wahl einer bestimmten Strategie beruht. Es ist tatsächlich möglich, dein reifstes Selbst zu sein, wenn Körper und Geist versuchen, dich mit einem "Kampf- oder Fluchtreflex" zu überlisten. Wenn du deine Wut unter Kontrolle hast, reagierst du, anstatt zu reagieren, und das kann den Unterschied ausmachen.

IST ES WIRKLICH DIE SCHULD DEINES KINDES?

Wenn du häufig mit deinem Kind streitest, wirst du es vielleicht als "schwierig", "streitsüchtig" oder "unvernünftig" abstempeln. Anderen die Schuld zu geben, wenn es zu einem Konflikt kommt, ist eine Art, sich zu verteidigen oder zu schützen. Indem wir den Fokus auf unsere Kinder verlagern, können wir unsere Verantwortung für die Eskalation des Konflikts mindern. Die "Erleichterung", die wir durch das Abwälzen der Verantwortung erfahren, bringt uns natürlich nicht sehr weit. Deshalb lohnt es sich, herauszufinden, warum wir eigentlich wütend sind.

WISSEN, WAS ALS NORMALES VERHALTEN ANGESEHEN WIRD

Kinder können eine echte Herausforderung darstellen, da sie Eigenschaften wie Rivalität, Gejammer, Widerwillen gegenüber Routinen und Mündigkeit zeigen können. Diese Eigenschaften mögen überraschend erscheinen, aber die meisten von ihnen sind wahrscheinlich einfach altersgemäß (Kadane, 2020). Zum Beispiel ist Beißen bei Babys und Kleinkindern üblich, Vorschulkinder neigen viel mehr zum Weinen als Schulkinder und der Wettbewerb zwischen Geschwistern erreicht seinen Höhepunkt zwischen 10 und 15 Jahren. Freunde, denen du vertraust, können dir versichern, dass ihre Kinder auch viel geweint haben, als sie im Kindergarten waren, oder sich bis ins Teenageralter mit ihren Geschwistern um Spielzeug oder Kleidung gestritten haben. Es ist normal, dass Kinder ihre (und deine) Grenzen austesten und manchmal versuchen, mit eigenwilligem Verhalten durchzukommen. Wenn du deine Erwartungen an das anpasst, was für ihr Alter angemessen ist, kannst du anfangen, dich ruhiger zu fühlen und zu wissen, dass viele dieser Situationen vorübergehende Ereignisse sind, auf die du eines Tages zurückblicken und darüber lachen kannst. Nützliche Strategien für die Kommunikation mit Kindern, für den Fall, dass du dich "auf die Probe gestellt" fühlst, werde ich in Kapitel vier behandeln.

DIE DINGE, DIE DICH AUSRASTEN LASSEN

Im Laufe deines Tages bist du vielleicht vielen kleinen und großen Provokationen ausgesetzt, die deinen Ärgerquotienten langsam (oder sehr schnell) ansteigen lassen können. Untersuchungen zeigen (*The Telegraph*, 2009), dass sich 79% der Menschen über kleine Dinge im Leben leicht ärgern. Im Durchschnitt ärgern sich die Menschen mehr als dreimal am Tag. Rund 50 % der Befragten gaben zu, dass sie im Alter wahrscheinlich zu "mürrischen alten Menschen" werden!

Du bist wahrscheinlich mehr wie diese Menschen, als du denkst, wenn du keine fünf Minuten, nachdem du dein Haus verlassen hast und auf die Autobahn gefahren bist, anfängst, dich über Drängler zu ärgern, über Leute, die sich weigern, ihre Signale zu benutzen, um die Spur zu wechseln, und über diejenigen, die nicht anhalten, wenn du die Vorfahrt hast. Eine Umfrage aus dem Jahr 2019 (Covington, 2021) ergab, dass 82 % der Autofahrer in den USA zugaben, im vergangenen Jahr mindestens einmal wütend oder aggressiv gefahren zu sein, während 42 % angaben, einen anderen Fahrer laut angeschrien oder verflucht zu haben. Rücksichtsloses Fahren bedroht dein Leben und das Wohl deiner Familie. Außerdem ist es egoistisch und verstößt gegen gängige Vorstellungen von Fairness und menschlichem Anstand. Die Möglichkeit eines drohenden Unfalls kann deine "Kampf- oder Fluchtreaktion" hervorrufen, die dich dazu bringt, einen anderen Fahrer anzuschreien oder zu beschleunigen, um ihn zu überholen.

Abgesehen vom Autofahren sind einige der häufigsten Quellen für Ärger Menschen, die mit vollem Mund essen, unhöfliche Verkäufer, Menschen, die husten, ohne sich den Mund zuzuhalten, die in Hundekot treten, kalte Anrufer, Mobbing, Menschen, die laut mit ihren Smartphones sprechen, und sogar langsame Internetverbindungen. Vielleicht erinnerst du dich an das beliebte Internet-Meme des Pandas, der "durchdreht" und seinen Computer aggressiv auf seinen Schreibtisch wirft. Wer hat nicht schon einmal über dieses Bild gelacht und, noch wichtiger, wer kann sich nicht damit identifizieren?

Menschen, die in einem typischen Nine-to-Five-Job arbeiten, können mit einer Menge angesammeltem Gepäck und Spannungen aus dem Büro nach Hause kommen. In deinem Arbeitsumfeld könntest du sogar auf Menschen treffen, die selbst mit Wutbewältigung zu kämpfen haben und schlecht mit Konflikten umgehen können. Ihre Frustration, ihre knappen

Antworten und ihr passiv-aggressives Verhalten können dein Blut in Wallung bringen. Du hast ihnen nichts getan, warum also lassen sie ihren Frust an dir aus?

Wenn du nach Hause kommst und die Tür aufschließt, wirst du vielleicht von deinem Hund überschwänglich begrüßt, aber dein Kind im Teenageralter zuckt kaum mit der Wimper und spielt stattdessen lieber ein Computerspiel weiter. Du betrittst die Küche und das Geschirr ist schmutzig, dein jüngstes Kind schlägt mit einem lauten Spielzeug auf den Boden über dir und es klingelt an der Tür, aber niemand macht auf. Das kann der Tropfen sein, der das Fass zum Überlaufen bringt. Wenn du dich also darüber ärgerst, dass dein Kind sich nicht die Mühe gemacht hat, dich anzusehen und dir nach einem harten Tag ein Lächeln oder eine Umarmung zu schenken, sind deine Gefühle mehr als verständlich.

Obwohl du ein Recht darauf hast, wütend zu sein, weil du dich im Moment nicht geschätzt und geliebt fühlst, ist es nicht ideal, deine Wut an deinen Kindern, deinem Ehepartner oder dem Postboten auszulassen. Die Tatsache, dass andere Menschen an deiner Stelle vor Wut explodieren würden, bedeutet nicht, dass du das auch tun solltest. Jetzt ist genau der richtige Zeitpunkt, um all deine psychische Stärke aufzubringen, dich über die Situation zu erheben und ruhig zu reagieren - und ja, manchmal kann das fast unmöglich erscheinen.

Wenn dein Partner oder deine Kinder zu dir sagen: "Lass deinen furchtbaren Tag mit deinem Chef nicht an mir aus", kann dich das wütend machen, weil du oft keine Verbindung zwischen den beiden Szenarien siehst und es dir so vorkommt, als ob sie unfair wären. Es kann sehr schwer sein, deine Reaktion auf die Unhöflichkeit deines Kindes mit dem allerersten "Idioten" in Verbindung zu bringen, der dich an diesem Tag auf der Autobahn geschnitten hat. Oft schieben die Menschen die aufeinander folgenden Konflikte darauf, dass sie einfach einen "schlechten Tag" hatten, an dem Murphys Gesetz in vollem Gange zu sein schien. Doch was ist logischer - die Vorstellung, dass sich das Universum gegen dich verschworen hat, oder die Möglichkeit, dass dein erster Konflikt dich dazu gebracht hat, dich auf einen zweiten Konflikt einzulassen, dann auf einen dritten und schließlich auf den Schreikampf, der stattfand, als du nach Hause kamst?

Wenn es um Gefühle geht, hängt alles zusammen. Eine schlecht geschlafene Nacht, die Sorge um ein bevorstehendes Projekt oder, wie Alanis Morisette sang, "ein Stau, wenn du schon spät dran bist", können dich aus der Fassung bringen. Doch dein Kind ist nicht schuld an diesen Problemen. Dein Kind hat dich weder bei der verdienten Beförderung übergangen, noch hat es dich eine Stunde lang warten lassen. Vielleicht hatte es auch einen anstrengenden Tag in der Schule und spielt deswegen eine halbe Stunde lang ein Computerspiel, um Stress abzubauen.

Wie wäre es, wenn du dein Kind, wenn du nach Hause kommst, nicht anschreist, sondern ihm sanft sagst, dass es noch eine bestimmte Anzahl von Minuten zum Spielen hat und dass du es danach zu einem Spaziergang mit dem Familienhund einladen möchtest? Wusstest du, dass schon 10 Minuten im Grünen, z. B. in einem Park, den Stresshormonspiegel deutlich senken können (Meredith et al., 2020)? Wenn ihr in einer städtischen Gegend lebt oder es draußen kalt ist, wie wäre es dann, gemeinsam zu kochen, ein gutes Buch zu lesen oder eine Partie Jenga oder Schach zu spielen? Stell dir vor, wie diese kurze Zeitspanne deinen Tag verändern kann und dir gleichzeitig eine wunderbare Gelegenheit bietet, eine Beziehung zu deinem Kind aufzubauen. Durch diese einfachen Handlungen kann dein Kind auch lernen, sich von Stressfaktoren zu lösen, wenn es älter ist und ebenfalls mit Spannungen umgehen muss, die aus verschiedenen Quellen kommen.

WARUM LASSEN WIR UNSERE WUT AN ANDEREN AUS?

Psychologen verwenden manchmal den Begriff "kicking the barking dog effect", um zu beschreiben, wie Menschen ihre Wut an jemand anderem auslassen als an der Person, die diese Emotion ausgelöst hat. Der Begriff basiert auf der folgenden Geschichte: "Ein Mann, der von seinem Vorgesetzten heftig beschimpft wurde, beschloss, seine Empörung darüber zu unterdrücken, dass er so angesprochen wurde. Als er nach Hause kam und seinen Hund bellen sah, um ihn zu begrüßen, antwortete er nicht freundlich, sondern trat sein Haustier mit aller Kraft." In diesem Beispiel waren die demütigenden Worte des Chefs eine starke Provokation und das Bellen des Hundes war nur ein schwacher Auslöser.

In einer Reihe von Experimenten haben Liu und Kollegen (Liu et al., 2021) herausgefunden, dass Menschen in Situationen, in denen die Provokation und der Auslöser gleichzeitig auftreten, dazu neigen, dem Auslöser gegenüber mehr Aggression zu zeigen. Außerdem neigen Menschen, die die Worte und Handlungen anderer als feindselig interpretieren (auch wenn sie harmlos sind), dazu, anderen schlechte Absichten zu unterstellen und angesichts eines Auslösers aggressiver zu werden.

Menschen, die über ihre Wut grübeln und sich immer wieder positive oder negative Gedanken dazu einreden (z. B. "Es tut mir gut, darüber nachzudenken, was mit meinem Chef passiert ist" oder "Ich kann mich einfach nicht davon abhalten, daran zu denken, wie schlecht mich mein Chef behandelt hat"), neigen auch dazu, ihre Wut schlechter zu kontrollieren. Indem du die provozierende Situation immer und immer wieder in deinem Kopf durchspielst, hältst du die wütenden Gedanken für dein Gehirn zugänglich und dein Wutpegel steigt, ebenso wie das Risiko für aggressives Verhalten (Salguero et al., 2020).

Manchmal werden Menschen auch ohne einen starken Auslöser wütend auf andere (in der Regel eine "sichere Person" wie einen Partner oder Freund) - das nennt man "verdrängte Wut" und bedeutet, dass wir unsere Verantwortung gegenüber den Menschen vergessen, die uns lieben und vertrauen. Bei Freunden und Partnern kommst du vielleicht mit einer Handvoll Gelegenheiten mit knappen oder unhöflichen Antworten davon, aber wenn deine Ausbrüche häufig und/oder heftig sind, kannst du die Brücken so weit abbrennen, dass das Vertrauen völlig zusammenbricht und die Liebe das Gebäude bald darauf "verlässt".

Im Folgenden findest du ein paar Beispiele für verdrängte Wut in Aktion:

- Du hältst eine Marketingpräsentation für einen Kunden und bist stolz auf deine Arbeit, denn du hast viele schlaflose Nächte damit verbracht, eine perfekte Markenstrategie für ihn zu entwickeln. Der Kunde ist von deiner Arbeit nicht begeistert und bittet dich, noch einmal ganz von vorne anzufangen und ein Logo, Schriftarten und Farben zu wählen, von denen du weißt, dass sie nicht mehr zeitgemäß sind. An dem Tag, an dem du mit einem Kollegen zum Mittagessen gehst, bist du unhöflich zu den Kellnern und schreist sie an, weil sie zu lange brauchen, um deine Getränke zu bringen.
- Du hast mit deinen Kollegen zu Mittag gegessen und einige haben zu viel getrunken und peinliche Anekdoten aus der Vergangenheit erzählt, die du nicht vor allen anderen besprechen wolltest. Du kommst nach Hause und bittest dein Kind dreimal, eine bestimmte Aufgabe zu erledigen, und eine Stunde später hat es sie immer noch nicht erledigt. Du schreist es an, stellst dich vor es hin und versuchst, mit wütender Körpersprache eine Antwort zu bekommen.

- Du verlierst deinen Job und fängst an, für ein viel geringeres Gehalt von zu Hause aus zu arbeiten, bis du einen besseren Weg gefunden hast, um die Rechnungen zu bezahlen. Dein Nachbar fängt an, Rockmusik in lauter Lautstärke zu hören. Du rennst zu ihm nach Hause, klopfst an die Tür und sagst ihm wütend, er solle ruhig sein und Rücksicht nehmen.

Alle diese Fälle sind unterschiedlich, aber sie haben zwei Dinge gemeinsam: deine Respektlosigkeit und die Wahrscheinlichkeit, dass dein Verhalten dir nicht geholfen hat, dein Ziel zu erreichen. Die Menschen, die von deinem Wutanfall betroffen sind, haben vielleicht eigene Probleme und sind nicht bereit, Kompromisse einzugehen oder sich um jemanden zu bemühen, der ihre persönlichen Grenzen überschritten hat. Im Falle von Nachbarn musst du besonders vorsichtig sein, denn du könntest einen Krieg auslösen, der mit der Zeit eskaliert und zu einem angespannten Familienleben führt. Diese Beispiele spiegeln vielleicht nicht deine eigenen Lebenserfahrungen wieder, aber dir fallen immer wieder Fälle ein, in denen du deinen Ärger im Umgang mit deinem Kind verdrängt hast. Wenn du diese Momente erkennst, kannst du beim nächsten Mal besser mit ihnen umgehen.

WARUM LÄSST DU DEINE WUT AN DEINEN KINDERN AUS?

Obwohl sie die Menschen sind, die wir in unserem Leben am meisten lieben, können Kinder unsere stärksten Auslöser sein. Das liegt daran, dass sie eher als Freunde, Arbeitskollegen und Bekannte in der Lage sind, ein schmerzhaftes Gefühl oder eine schmerzhafte Erfahrung aus unserer Vergangenheit zu aktivieren - vielleicht aus der Zeit, als wir noch Kinder waren. Wenn du zum Beispiel mit einem älteren Geschwisterteil aufgewachsen bist, das dich immer manipuliert hat, indem es dich um Gefallen (und dein Taschengeld) gebeten hat, um dich dann mit seinen Freunden zu verspotten, dir zu sagen, dass du verschwinden sollst, wenn du dich seiner Freundesgruppe anschließen wolltest, und das nie mit dir geteilt hat, was es von seinem Taschengeld gekauft hat, kann es sein, dass du besonders ausgelöst wirst, wenn dein Kind eine Tüte Chips isst und du es um eine Tüte bittest und es nein sagt. Es scheint eine harmlose Situation zu sein, und in der Tat ist dein Kind vielleicht noch zu jung, um zu wissen, wie wichtig es ist, zu teilen, aber der Schmerz kann tief sitzen und dazu führen, dass du dich genauso ungeliebt und benutzt fühlst, wie du es als Kind getan hast.

Manchmal kann dein Kind einem deiner Elternteile sehr ähnlich sein. Vielleicht hat es den sardonischen Humor eines Elternteils, die Introvertiertheit des anderen oder die Neigung eines Geschwisters, sich ständig zu streiten. Vielleicht lieben sie den Wettbewerb, haben gerne das letzte Wort oder brauchen viel Zeit für sich, während du ein geselliger Extrovertierter bist, der gerne mehr Zeit mit ihnen verbringen würde. Vielleicht hast du als Kind einige unglückliche Situationen erlebt und es kann dir vorkommen, als würdest du sie mit deinen Kindern noch einmal durchleben. Manche Situationen können dir das Gefühl geben, wieder fünf Jahre alt zu sein - frustriert, verletzlich und ohne Ausweg.

Für Eltern auf der ganzen Welt gehören zu den häufigsten Auslösern für Wut auf Kinder (Sibonney, 2021) das Jammern, respektlose Worte, die Aussage, dass man "gehasst" wird, körperliche Verletzungen, verschüttete Flüssigkeiten und Schäden in der Wohnung sowie Geschwister, die sich gegenseitig anschreien. Für jeden dieser Fälle gibt es bestimmte Strategien, die du anwenden kannst. Wenn Kinder zum Beispiel quengeln, hilft es, sich einen kleinen Moment Zeit zu nehmen, um Selbstmitgefühl zu üben. Sag dir, dass dein Herzrasen, die geballten Fäuste und der angespannte Kiefer darauf zurückzuführen sind, dass dein Körper möglicherweise in den "Kampf- oder

Fluchtmodus" übergeht. Sei nett zu dir selbst und wenn du bereit bist, sag dem jammernden Kind ruhig, warum es etwas nicht tun oder haben kann, was es sich wünscht, und biete ihm eine alternative Aktivität an, um es von der Quelle des Ärgers abzulenken.

In den meisten Fällen hilft es nicht, wenn du es deinem Kind erklärst, weil es zu diesem Zeitpunkt bereits über den Punkt hinaus ist, an dem es vernünftig denken kann. Manche Kinder beruhigen sich durch eine Umarmung und die Aufmerksamkeit ihrer Eltern. Andere wiederum quengeln mehr, wenn du versuchst, sie zu beruhigen, reagieren aber besser auf Ablenkung. Wieder andere weinen und beschweren sich einfach, weil sie müde sind und ein Nickerchen brauchen. Beurteile die Situation und frage dich, ob das, was dein Kind verlangt, angemessen ist. Wenn das nicht der Fall ist, gib nicht nach, nur um dein Kind kurzfristig zu beruhigen. Dadurch lernt es nur, dass Jammern und Schreien wirksame Mittel sind, um zu bekommen, was es will. Versuche, weitere Forderungen ruhig zu ignorieren und fordere es, wenn nötig, sanft auf, sich an einen "ruhigen Ort" zu begeben, an dem es schmollen kann, sich aber schließlich beruhigt und zu dir kommt, um dich zu umarmen und Zeit mit dir zu verbringen. Wenn dein Kind sich wieder unter Kontrolle hat, lobst du es (Nemours Kids Health, n.d.) und sagst etwas wie: "Mir hat es sehr gefallen, wie du dich beruhigt hast."

Wenn dein Kind respektlos ist, kannst du versuchen, dich in seine Lage zu versetzen und ihm zu sagen, dass du verstehst, dass es vielleicht etwas nicht machen will (z.B. seine Hausaufgaben), aber dass du da bist, um ihm zu helfen, wenn es dich braucht. Du kannst ihnen etwas sagen wie. "Okay, ich verstehe, dass deine Hausaufgaben heute schwer sind, also lass uns überlegen, wie du das Problem lösen kannst. Kannst du online nach Hilfe suchen? Gibt es ein kostenloses Khan Academy-Tutorial zu dem Thema? Kannst du einem Schulkameraden eine Nachricht schicken und ihn fragen, ob er Tipps für die Lösung der schwierigen Trigonometrieaufgabe kennt?"

Versuche, auf schmerzhafte Worte ("Ich hasse dich" oder "Ich liebe Papa mehr") gelassen zu reagieren. Sie sind nur die Art und Weise, wie dein Kind seine Frustration darüber ausdrückt, dass es nicht "der Boss" sein kann. Anstatt dich auf einen Machtkampf mit deinem Kind einzulassen, lass es wissen, dass du es bedingungslos liebst, wenn es sich ein wenig beruhigt hat. Viel später kannst du sogar ein Gespräch führen und sie fragen, warum sie gesagt haben, dass sie dich hassen. Vielleicht antworten sie dann so etwas wie: "Weil du mich nicht an meinem Computer hast arbeiten lassen." Du kannst ihnen dann erklären, dass sie, wenn du sie zu lange spielen lässt, es nicht schaffen würden, all ihre Pflichten zu erfüllen oder rechtzeitig zu schlafen, und dass sie am nächsten Tag müde sein würden. Wenn du danach ruhig und mit einem Lächeln und einer Umarmung darüber sprichst, ist das eine gute Möglichkeit, dein Kind für die Dinge, die es sagt, zur Verantwortung zu ziehen und ihm vielleicht zu helfen, zweimal nachzudenken, bevor es in Zukunft zu oft verletzende Worte sagt.

Wenn dein Kind dich unabsichtlich verletzt (Kleinkinder können Eltern manchmal unbeabsichtigt einen Kopfstoß verpassen oder sie aus Versehen kratzen), versuche ihm beizubringen, wie man einen gesunden Körperabstand einhält. Wenn sich Geschwister streiten, solltest du die Sicherheit in den Vordergrund stellen und jedes Kind dazu ermutigen, eine kleine "Ruhepause" einzulegen, um sich später gemeinsam zu entschuldigen und eine Lösung für den Streit zu finden.

Wenn ein Kind aus Versehen Essen verschüttet oder einen Haushaltsgegenstand kaputt macht, solltest du es auf keinen Fall anschreien. Wenn dich ein Elternteil in deiner Kindheit angeschrien hat, weil du einen Teller oder ein Glas zerbrochen hast, dann weißt du, wie klein und hilflos du dich dabei gefühlt hast. Sensible Kinder können verunsichert werden, wenn Eltern sie zu hart beurteilen. Bitte sie, dir beim Aufsammeln von verschütteten Gegenständen zu helfen oder einen zerbrochenen Gegenstand mit dir zu reparieren (oder neu zu streichen oder zu kleben). Bringe ihnen nützliche Techniken bei, mit denen sie in Zukunft das Verschütten von Flüssigkeiten vermeiden können (z. B. wie man Wasser in eine Wasserflasche gießt oder wie man eine Schüssel Suppe isst).

Wenn du in all diesen Fällen gelegentlich die Fassung verlierst, solltest du die Kunst des Selbstmitgefühls (Selbstliebe) üben. Eine *PLOS* ONE-Studie (Ferrari et al., 2018) ergab, dass Selbstmitgefühl ein wichtiger Puffer gegen Perfektionismus sein kann. Es kann Menschen davor bewahren, in die Falle zu tappen, überkritisch zu sein und sich zu viele Gedanken über Fehler zu machen. Selbstmitgefühl kann dir auch dabei helfen, mit den Widrigkeiten des Lebens umzugehen und den alltäglichen Stress mit Anmut zu bewältigen, anstatt über negative Ereignisse zu grübeln, dich selbst zu kritisieren und die Schwere von Problemen zu übertreiben. In einer anderen Studie (Leary et al., 2007) fanden Wissenschaftler heraus, dass "Selbstmitgefühl Menschen dazu bringt, ihre Rolle bei negativen Ereignissen anzuerkennen, ohne sich von negativen Emotionen überwältigt zu fühlen". Zu sich selbst so freundlich zu sein wie zu anderen, kann sogar vorteilhafter sein als Selbstwertgefühl, denn Selbstmitgefühl ist bedingungslos, während Selbstvertrauen auf Leistungen beruht.

IST ES WIRKLICH DIE SCHULD DEINES KINDES?

Es kann den Anschein erwecken, als würde ein kleines Kind uns "sabotieren", wenn es alle möglichen Tricks anwendet, um mit Verhaltensweisen davonzukommen, die wir nicht gutheißen. Wenn du das Gefühl hast, dass dein Kind dich an einem bestimmten Tag ganz schön auf die Palme gebracht hat, bist du vielleicht extrem frustriert. Du fragst dich vielleicht: "Wie konnte ich nur zulassen, dass ein kleiner Dreijähriger die Oberhand über mich gewinnt und mich dazu bringt, meine Entschlossenheit zu verlieren, ruhig zu bleiben?"

Dein Kind scheint besonders "fähig" zu sein, dich zum Explodieren zu bringen, aber in Wirklichkeit liegt das Geheimnis, ruhig zu bleiben, nicht in ihm. Du kannst ihre ganze Kindheit damit verbringen, sie dazu zu bringen, sich deinen Wünschen zu fügen, aber du kannst ihre Persönlichkeit nicht wirklich ändern. Alle Kinder haben einzigartige Charakterzüge, Gedanken und Gefühle. Sie weinen und schreien, weil sie sich über etwas sehr aufregen. Da ihr Gehirn noch nicht so weit entwickelt ist, dass sie in der Lage sind, zwischen angemessenen und unangemessenen Wegen zu unterscheiden, um das zu bekommen, was sie wollen, solltest du sie anleiten, anstatt mit dem Finger auf sie zu zeigen und ihnen die Schuld für ihre fehlgeleitete Wut zu geben.

VERMEIDE ES, DEIN KIND ZU ETIKETTIEREN

Nur weil dein Kind eines Tages in der Schule ein anderes Kind geschlagen hat, heißt das nicht, dass es "aggressiv" ist. Wenn es geweint hat, als es beim Fußballspielen in der Schule hingefallen ist, heißt das nicht, dass es "depressiv" ist. Wenn sie gerne mit dir diskutieren und Regeln oder "Kinderverträge" besprechen, bevor sie zustimmen, heißt das nicht, dass sie "schwierig" sind. Bevor du dein Kind mit einem Etikett versiehst, nimm es zur Kenntnis. Untersuchungen (Pidgeon & Sanders, 2009) haben gezeigt, dass Eltern, die das Fehlverhalten ihres Kindes auf innere, stabile Eigenschaften des Kindes zurückführen, eher wütend werden und negativ auf ihre Kinder reagieren. Sie können auch explosiver sein, wenn sie ihren Kindern Absicht und Schuld zuschreiben.

Wut zu verdrängen funktioniert nicht, wenn du es mit Kindern zu tun hast; es verschärft das Problem nur. Pidgeon und Kollegen fanden heraus, dass klinisch wütende Mütter, bei denen die Gefahr besteht, dass sie ihre Kinder misshandeln, auch über mehr Depressionen, Stress und Ängste berichten. Deshalb ist es wichtig, dass diejenigen, die diese Art von Wut erleben, eine professionelle Therapie erhalten, die sich darauf konzentriert, die Art und Weise, wie sie denken, fühlen und sich verhalten, zu identifizieren und anzupassen.

KINDER SIND VERLETZLICH

Einige Wissenschaftler (Piantadosi & Kidd, 2016) argumentieren, dass sich der Mensch zu dem intelligenten Wesen entwickelt hat, das er ist, weil menschliche Kleinkinder so hilflos sind. Mit anderen Worten: Weil das menschliche Gehirn lange braucht, um zu reifen und zu wachsen, ist das Ergebnis eine höhere Intelligenz, sobald dieser Prozess abgeschlossen ist. Die Tatsache, dass sich die Gehirne von Kindern noch in der Entwicklung befinden und so empfindlich auf den Input reagieren, den sie erhalten, ist ein wichtiger Grund, warum du im Umgang mit ihnen geduldig, freundlich und ruhig sein solltest.

Eine in der Zeitschrift *Current Biology* veröffentlichte Studie (McCrory et al., 2011) hat gezeigt, dass die Gehirne von Kindern, die dem Ärger in der Familie ausgesetzt sind, zunehmend auf die Verarbeitung zusätzlicher Bedrohungsquellen "eingestellt" werden. Sie werden "reaktiver" (sie sind eher bereit, auf eine wahrgenommene Bedrohung zu reagieren). Auch wenn es ihnen kurzfristig hilft, auf Bedrohungen zu reagieren, kann es auch ein "neurobiologischer Risikofaktor" sein, der die Wahrscheinlichkeit erhöht, dass sie Angst und andere psychische Störungen entwickeln, wenn sie älter sind. In der Studie zeigten Kinder, die zu Hause Gewalt erlebt hatten, unterschiedliche Gehirnreaktionen auf wütende und traurige Gesichter. Wenn sie Bilder von wütenden Menschen sahen, zeigten sie eine erhöhte Aktivität in den Gehirnregionen, die an der Erkennung von Stress und der Vorwegnahme von Schmerz beteiligt sind. Die Studie ist nur eine von vielen, die zeigen, wie wichtig es ist, Gewalt und Aggression im Elternhaus ernst zu nehmen. Wenn es um unsere Kinder geht, kann der Schaden von Aggression und Wut nicht rückgängig gemacht werden.

DEN KINDERN EINE PAUSE GÖNNEN

Es ist wichtig, dass du deine eigenen Stressquellen reduzierst, aber auch dafür sorgst, dass deine Kinder sich nicht mehr zumuten, als sie verkraften können. Wenn du das Gefühl hast, dass du ständig den Chauffeur spielst und deine Kinder von einer Aktivität zur nächsten fährst, kann es sein, dass sich deine Kinder genauso überfordert fühlen. Wenn du das außerschulische Programm deines Kindes zusammenstellst, solltest du versuchen, es bei der Auswahl der

Kurse und Aktivitäten mit einzubeziehen, damit es einen kleineren, aber angenehmeren Zeitplan hat, den es erfüllen kann. Wenn dein Kind fünfmal pro Woche mit außerschulischen Aktivitäten beschäftigt ist, kann es für alle Beteiligten eine große Erleichterung sein, wenn du diese auf zweimal pro Woche reduzierst.

Der Forscher Peter Gray vom Boston College (Gray, 2011) sagt: "Kinder sind durch natürliche Auslese zum Spielen geschaffen". In den letzten fünf Jahrzehnten sind die Möglichkeiten für Kinder, unstrukturiert im Freien zu spielen, jedoch stark zurückgegangen. Die National Recreation and Park Association berichtet zum Beispiel, dass Kinder heute nur noch vier bis sieben Minuten pro Tag unstrukturiert im Freien spielen, dafür aber siebeneinhalb Stunden vor einem elektronischen Bildschirm verbringen können. Dabei ist die Natur ein Heiler. Sie baut Stress ab, hilft Kindern, ihre Kraft und Beweglichkeit zu trainieren, fördert die soziale Interaktion, stärkt das Selbstvertrauen und verbessert die Konzentration und den Fokus.

Es ist auch wichtig, dass Kinder ihre natürliche Umgebung selbstständig erkunden, ihre Grenzen austesten und nützliche Strategien für den Umgang mit potenziellen Gefahren entwickeln können. All diese Aktivitäten helfen dem Kind dabei, eine rundere Persönlichkeit zu entwickeln, die ihm im

Erwachsenenalter enorm dabei helfen wird, die Probleme des Lebens erfolgreich zu bewältigen.

DIE ÜBERRASCHENDEN VORTEILE DES FREISPIELS

Eltern sehen das Spielen von Kindern oft als eine Möglichkeit, sich auszutoben und Kraft und Flexibilität zu verbessern, aber unstrukturiertes Spielen hat viele weitere Vorteile (Iannelli, 2021). Die American Academy of Pediatrics hebt die folgenden Vorteile hervor:

- Spielen fördert die Kreativität der Kinder und ermöglicht es ihnen, ihrer Fantasie freien Lauf zu lassen.
- Es lädt sie ein, die Welt um sie herum zu erforschen und die vielen versteckten Schätze zu entdecken, die sie in der freien Natur erwarten.
- Spielen fördert die soziale Interaktion und lehrt die Kinder wertvolle Lektionen über die Bedeutung von Teamwork, Durchsetzungsvermögen und Konfliktlösung.
- Sie fördert die Fähigkeit eines Kindes, sich auf neue Herausforderungen in der Schule einzustellen, weckt sein Interesse am Lernen

und verbessert seine Problemlösungsfähigkeiten.

- Beim Spielen lernen Kinder auch, wie wichtig es ist, sich selbst zu regulieren, indem sie lernen, ihre Gedanken, Gefühle und Verhaltensweisen zu kontrollieren.

Peter Gray warnt davor, dass ein Mangel an Spiel die emotionale Entwicklung beeinträchtigt und zu einem Anstieg von Ängsten, Depressionen sowie Aufmerksamkeits- und Selbstkontrollproblemen führt. Er fügt hinzu, dass junge Menschen ohne Spiel nicht die sozialen und emotionalen Fähigkeiten erwerben können, die sie für eine gesunde psychische Entwicklung brauchen.

REDUZIERE DIE MACHT EXTERNER EREIGNISSE, DICH WÜTEND ZU MACHEN

Da provozierende Situationen und Personen dazu führen können, dass unschuldige Menschen später deine Wut "auslösen", solltest du Strategien anwenden, die dir helfen, sie aus deiner Beziehung zu deinem Kind auszuschließen. Eine wichtige Strategie besteht darin, proaktiv Schritte zu unternehmen, um sich von der Arbeit zu trennen. Es gibt viele Möglichkeiten, dies zu tun. Eine davon ist, dass du es strikt vermeidest, E-

Mails von der Arbeit zu lesen, wenn du das Büro verlassen hast oder wenn dein offizieller Arbeitstag zu Ende ist. Eine andere Möglichkeit ist, auf dem Heimweg im Auto nicht noch einmal über deinen schwierigen Tag zu sprechen. Bemühe dich, deinen Geist mit produktiven Gedanken zu füllen. Beginne damit, ein paar Atemübungen zu machen. Apps wie *Breathe, Calm* und *Headspace* sind ein guter Anfang. Öffne *Breathe* und nimm einfach an einer fünfminütigen kontrollierten Atemübung teil. Damit baust du nicht nur Stress ab, sondern hilfst deinem Gehirn auch, neue Verbindungen herzustellen (Trinity College Dublin, 2018). Die Atmung beeinflusst den Noradrenalinspiegel (ein natürlicher chemischer Botenstoff, der ausgeschüttet wird, wenn wir neugierig, herausgefordert oder konzentriert sind).

Eine weitere wichtige Methode, um von der Arbeit abzuschalten, besteht darin, extrem effizient zu sein, wenn du dort bist. So sehr du auch die eine oder andere Ablenkung brauchst, vermeide es, Zeit mit Apps und Websites zu verschwenden, die dich davon abhalten können, eine bestimmte Anzahl von Zielen an einem bestimmten Tag zu erreichen. Schau dir Website-Blocker wie *Freedom* für Mac oder Windows, *StayFocusd, Limit* und viele andere an, die dir helfen können, die Versuchung süchtig machender Websites zu vermeiden.

Zum Schluss machst du eine Liste mit allen anstehenden Aufgaben, die du am nächsten Tag erledigen musst, und legst sie auf deinen Schreibtisch. Auf diese Weise musst du sie nicht durchgehen, wenn du nach Hause fährst oder pendelst. Wenn möglich, solltest du dein Zuhause und deine Arbeit nicht zu deinen einzigen Zielen machen. Nimm dir Zeit für Hobbys, Sport und Freunde. Versuche, viele Flaschen voll zu halten (Freundschaft, Familie, Interessen), anstatt deine Kinder zum alleinigen Mittelpunkt deines Interesses zu machen. So vermeidest du, dass du deine gesamte Energie (sowohl die positive als auch die negative) in deine Kinder steckst, und bist ein glücklicheres, vielseitigeres Elternteil. Deine Kinder werden zu dir als leuchtendes Beispiel für jemanden aufschauen, der weiß, wie man eine gute Work-Life-Balance erreicht.

BLOCKIERTE EMOTIONEN LOSLASSEN

Du musst nicht nur von der Arbeit abschalten, sondern auch blockierte oder verdrängte Emotionen loswerden, um Burnout und Unausgeglichenheit zu vermeiden (Ciolek, 2018). Es gibt drei grundlegende Schritte, um emotionale Energie zu verarbeiten. Der erste Schritt ist die Selbsterkenntnis: Wir müssen uns der Vielzahl von Emotionen und Empfindungen bewusst werden, die wir empfinden können (von Hunger über Angst und Traurigkeit bis hin zu Wut).

Achtsamkeitstraining und -meditation können dir helfen, mit den körperlichen und geistigen Anzeichen von Stress besser umzugehen. Bei der Achtsamkeitsmeditation geht es nicht darum, schwierige Emotionen zu unterdrücken oder zu "besiegen", sondern darum, sie zu erkennen und zu akzeptieren, weil du weißt, dass sie dich nicht definieren und dass sie, wie die meisten Emotionen, flüchtig und zyklisch sind. Wenn du dir kognitiv bewusst bist, dass du dich gestresst oder müde fühlst, kannst du dir bewusster machen, wie du mit anderen interagierst. Du kannst auch Schritte unternehmen, um Ungleichgewichte zu korrigieren und die Macht der Auslöser über dich zu verringern.

Der nächste Schritt besteht darin, deine Gefühle auszudrücken - das kannst du tun, indem du ein Tagebuch führst, dich kreativ betätigst oder ein Hobby wie das Fotografieren aufnimmst. Das Schreiben kann besonders nützlich sein, weil du damit deine Fortschritte nachverfolgen und die konkreten Situationen identifizieren kannst, die dich wütend gemacht oder zu weiteren Konflikten geführt haben. Du kannst auch untersuchen, wie du an verschiedenen Tagen reagiert hast, verschiedene Strategien auflisten, die du anwenden willst, wenn du dich provoziert fühlst, und sehen, ob du Fortschritte machst.

Selbstfürsorge ist der letzte wichtige Schritt zu mehr Ausgeglichenheit und emotionaler Entspannung. Gönne dir etwas, das dich in einen besseren Zustand versetzt als zuvor. Wenn dich der Gedanke reizt, mit einer Schachtel Popcorn im Kino zu sitzen, rufe einen Freund an und schaut euch einen Film an, den ihr schon lange sehen wolltet. Wenn du den Frieden und die Ruhe in der Natur liebst, organisiere einen kurzen Campingausflug oder mache einfach einen Spaziergang durch ein grünes Waldgebiet. Wenn du Musik liebst, gönn dir einen musikalischen Nachmittag, bei dem du dir Zeit nimmst, ein Album zu hören, das du liebst. Es geht vor allem darum, sich selbst mit Achtsamkeit und Mitgefühl zu behandeln. Das alte Sprichwort ist wahr - es ist unmöglich, anderen dein Bestes zu geben, wenn du dich müde, frustriert oder nicht umsorgt fühlst.

Das Leben ist herausfordernd und manche Tage sind besser als andere, aber wenn du dich konsequent um dich selbst kümmerst, kannst du verhindern, dass sich deine Frustration auf dein Kind überträgt. Stattdessen kannst du ein hilfreicher Begleiter sein, der weiß, dass es immer noch lernt, sein bestes Selbst zu sein - so wie wir alle es sind.

LASS DICH NICHT VON DEINEN EMOTIONEN BEHERRSCHEN

Als Elternteil hast du das Recht, Grundregeln aufzustellen, eine Routine für deine Kinder einzuführen und dafür zu sorgen, dass sie ihre Schulaufgaben und andere Pflichten erfüllen. Wenn du aber wirklich eine positive Veränderung bei ihnen sehen willst, musst du bei dir selbst anfangen. Wenn du dein Denken, deine Gefühle und dein Verhalten änderst, wird das nicht unbedingt sofort die gewünschte Reaktion bei deinen Kindern hervorrufen. Aber es wird dich in die Lage versetzen, schwierige Situationen effektiver zu meistern, indem du dich auf ein optimales Wutmanagement und Konfliktlösungsmethoden verlässt. An dir selbst zu arbeiten ist hart - es hat eine ganze Kindheit und einen Großteil deines Erwachsenenalters gedauert, bis du zu dem geworden bist, was du heute bist, also gib dir die Zeit, die du brauchst, um schädliche Muster zu verlernen und sie durch effektive zu ersetzen.

Es kann Wochen oder Monate dauern, schädliche Techniken zu "verlernen" und mit verschiedenen Strategien zu experimentieren, bis du die Kombination gefunden hast, die für dich funktioniert, und auf dem Weg dorthin kannst du auch Rückschläge erleiden. Wenn du anfängst, deine Emotionen zu regulieren und deine Reaktionen zu ändern, sieht es zu Hause vielleicht viel friedlicher aus, aber gerade wenn du dich auf deinen Lorbeeren ausruhen willst, kann es zu einem Streit kommen und es fällt dir schwer, deine Wut zu kontrollieren. Fortschritte sind fast immer mit ein paar Rückschlägen verbunden. An manchen Tagen kann es so aussehen, als würdest du einen Schritt vor und zwei zurück machen. An anderen Tagen kannst du das Gefühl haben, dass du große Fortschritte gemacht hast. Bevor du lernst, wie du es vermeiden kannst, negativen Emotionen zum Opfer zu fallen, musst du sie vollständig verstehen: wie sie entstehen, was ihr Ziel ist und warum es das Schlimmste ist, sie zu unterdrücken.

DIE BEDEUTUNG DES AUSDRUCKS VON GEFÜHLEN

Wenn du deine Gefühle unterdrückst, kann das sowohl deine Lebensqualität als auch deine Lebensquantität beeinträchtigen. Eine Studie (Chapman et al., 2013) hat ergeben, dass die Unterdrückung von Emotionen mit einem höheren Risiko verbunden ist, früher zu sterben - auch an Krebs. Wissenschaftlerinnen und Wissenschaftler haben herausgefunden, dass es viele Gründe gibt, warum das Zurückhalten von Emotionen so schädlich für die Gesundheit sein kann - einschließlich des Zusammenhangs zwischen schlechtem Gefühlsausdruck und ungesunden Verhaltensweisen wie Rauchen und übermäßigem Essen. Zweitens gibt es einen klaren Zusammenhang zwischen der Unterdrückung von Emotionen und häufigeren, intensiven emotionalen Reaktionen. Wenn du deine Gefühle unterdrückst, kann das zu einer Reihe von physiologischen Reaktionen führen, von denen einige mit einer höheren Wahrscheinlichkeit für chronische Krankheiten (z. B. Herzkrankheiten) und Tod verbunden sind.

Emotionale Unterdrückung kann sich auch auf deine psychische Gesundheit und dein Wohlbefinden auswirken. In einer Studie (Lazarus, 1966) wurden die Teilnehmer gebeten, sich einen aufrüttelnden Film anzusehen. Eine Gruppe sollte ihre Emotionen unterdrücken, die andere sollte sie ausdrücken. Die Ergebnisse zeigten, dass die Gruppe, die ihre Gefühle unterdrückte, in höherem Maße negative Emotionen erlebte als diejenigen, die sie frei zum Ausdruck brachten. Unterdrückung wird auch mit Angstzuständen und posttraumatischen Belastungsstörungen (PTBS) in Verbindung gebracht. Wissenschaftlerinnen und Wissenschaftler haben herausgefunden, dass man mit der Unterdrückung von Emotionen auch positive emotionale Erfahrungen dämpft und damit das Risiko einer Depression erhöht.

EMOTIONSREGULIERUNG VS. AGGRESSION

Effektive Emotionsregulierung bedeutet, emotionale Erfahrungen auf eine produktive Art und Weise zu bewältigen und darauf zu reagieren. Die meisten von uns nutzen eine Reihe von Strategien zur Emotionsregulierung, von denen einige positiv für unsere körperliche und geistige Gesundheit sind und andere nicht (Rolston & Lloyd-Richardson, n.d.). Zu den gesunden Strategien gehört es, eine Therapie zu machen, an Yoga- oder Achtsamkeitsmeditationskursen teilzunehmen, für guten Schlaf zu sorgen, auf Anzeichen zu achten, die darauf hinweisen, dass du eine Pause brauchst, und auf negative Gedanken und

Empfindungen zu achten, die auftreten, bevor du wütend wirst. Zu den ungesunden Strategien gehören dagegen Selbstverletzungen, das völlige Vermeiden von Konflikten, die Abhängigkeit von sozialen Medien, Drogenmissbrauch und aggressives Verhalten gegenüber anderen.

Eine Situation ist nicht per se schwierig oder einfach; es ist die Art und Weise, wie wir sie interpretieren, die sie so macht. Nimm das folgende Szenario: Du bist in deinem Büro und gehst zum Schreibtisch eines Kollegen, um den Fortschritt eines Projekts zu besprechen. Danach unterhaltet ihr euch ein paar Minuten lang über eure Familien und persönlichen Projekte, bis du merkst, wie dein Vorgesetzter seufzt, aufsteht, ins Bad geht und die Tür hinter sich zuschlägt. Daraufhin durchströmt dich eine Reihe von Emotionen (wie Empörung, Angst, Enttäuschung) und du fängst an, verschiedene Gedanken über das, was gerade passiert ist, zu ordnen. "Ist die Chefin wütend geworden, weil wir uns unterhalten haben?" "Warum hat sie uns nicht gebeten, leiser zu sprechen, wenn wir sie belästigt haben?" "Ich frage mich, ob sie ihrem übergeordneten Chef sagen wird, dass wir Zeit vergeudet haben." "Vielleicht war sie einfach nur müde und ist wütend aufgestanden, weil sie sich über etwas aufgeregt hat, das sie gerade auf ihrem Bildschirm gelesen hat." All diese Gedanken können Emotionen hervorrufen (Angst,

Wut, Unsicherheit) und du hast vielleicht den starken Wunsch, diese zu unterdrücken. Während du den Zug nach Hause nimmst, grübelst du vielleicht über das Ereignis nach und machst dir Sorgen.

DEN ZUSAMMENHANG ZWISCHEN DEINEN GEDANKEN, EMOTIONEN UND GEFÜHLEN VERSTEHEN

Es gibt keine Therapie, die für alle gleich gut funktioniert, aber eine, die häufig zur Wutbewältigung eingesetzt wird, ist die kognitive Verhaltenstherapie (CBT), die sich auf die Beziehung zwischen unseren Gedanken, Gefühlen und Verhaltensweisen konzentriert. Der Therapeut zielt darauf ab, die Selbstwahrnehmung des Kunden zu verbessern, damit er den negativen Kreislauf der emotionalen Dysregulation durchbrechen kann. Natürlich kannst du dir auch selbst wichtige Fragen stellen, die es dir ermöglichen, an diesem Ziel zu arbeiten. Rolston schlägt vor, dir eine Reihe von Fragen zu stellen, z. B.:

- Welche Gedanken lösen bei dir die schwierigsten Gefühle aus?
- Welche Emotionen sind für dich am schwierigsten (und welche am leichtesten) zu fühlen?

- Welche Verhaltensweisen wendest du an, wenn du dich beruhigen musst?
- Welche der oben genannten Verhaltensweisen sind gesund oder tragen langfristig zu mehr Gesundheit und Glück bei?
- Welche Überzeugungen über das Leben, die Menschen oder dich selbst halten negative Gedankenkreisläufe aufrecht?
- Welche Gedanken und Überzeugungen sorgen dafür, dass du dich positiver fühlst und schwierige Situationen besser unter Kontrolle hast?

CBT kann sehr produktiv sein, wenn es mit Engagement und dem echten Wunsch nach Veränderung angegangen wird. Das Faszinierende an CBT ist, dass es damit beginnen kann, dass eine Person nur ein einziges Verhalten ändert und dann merkt, dass dies einen tiefgreifenden Einfluss darauf hat, wie sie sich fühlt oder wie sie über eine Situation denkt. Weil das, was zur Beruhigung "funktioniert" so persönlich ist, lohnt es sich auf jeden Fall, diese positiven Strategien aufzuschreiben oder aufzulisten, damit du darüber nachdenken kannst, wie sie in mehr als einer Situation anwendbar sind. Wenn du zum Beispiel gestresst von der Arbeit bist, fühlst du dich nach einer Yoga- oder Meditationssitzung wie neugeboren, aber wenn du dich mit deinem Partner oder deiner Partnerin streitest, bist du so gestresst, dass du zu einer Schachtel Zigaretten oder einem Glas Alkohol greifst, dann könntest du beim nächsten Streit mit deinem Partner oder deiner Partnerin Meditation ausprobieren.

Wenn du weiterhin schädliche Bewältigungsmechanismen anwendest, kann das dein Vertrauen in deine Fähigkeit, dich angesichts von Provokationen und Auslösern ruhig zu verhalten, beeinträchtigen. Wenn du nämlich schädliche Verhaltensweisen an den Tag legst, um eine negative Emotion zu vermeiden, kannst du dich dafür schämen und schuldig fühlen. Scham und Schuldgefühle können dich wiederum dazu veranlassen, erneut in schädliche Bewältigungsmechanismen zu flüchten. Der Kreislauf beginnt in der Regel (Chapman et al., 2006) mit einem auslösenden Ereignis (z. B. einem Streit mit deinem Kind), gefolgt von Emotionen (Traurigkeit, Wut, Frustration), einem Moment der "hohen Erregung", einem selbstsabotierenden Verhalten und schließlich Erleichterung. Wenn das nächste Mal ein auslösendes Ereignis eintritt, beginnt der Kreislauf von vorne.

PROAKTIV STATT REAKTIV SEIN

Es lohnt sich, nicht nur deine persönlichen Strategien für den Umgang mit schwierigen Emotionen aufzulisten, sondern sie auch zu überprüfen und zu überlegen, in welchen anderen Situationen diese Strategie nützlich sein könnte. Vielleicht findest du es auch hilfreich, das "Ampelsystem" zur Wutbewältigung anzuwenden. Das Beste an dieser Methode ist, dass sie sowohl bei Kindern als auch bei Erwachsenen funktioniert, du kannst sie also auch deinen Kindern beibringen. Die Schritte sind wie folgt:

▶ **Rotes Licht:**

Identifiziere das negative Gefühl, das du in einem bestimmten Moment empfindest. Das kann Angst, Enttäuschung, Eifersucht, Traurigkeit oder Frustration sein. Wenn es dir schwer fällt, das Gefühl zu identifizieren, beobachte, wie dein Körper reagiert. Wenn du die Stirn runzelst, schwitzt, starrst oder dir heiß um die Ohren und den Hals wird, könntest du wütend sein. Wenn du versuchst, dich körperlich klein zu machen, bemerkst, dass dein Herzschlag gestiegen ist oder du schnell und flach atmest, könnte das daran liegen, dass du Angst hast. Das Erkennen von Emotionen kann anfangs schwierig sein, aber schon das Innehalten ist eine wichtige Erkenntnis, dass etwas nicht stimmt und überdacht werden muss.

▶ **Gelbes Licht:**

Denke an die Situation, die dich wütend, traurig oder anderweitig negativ gestimmt hat. Überlege dir, was du dir selbst gesagt hast, um die Situation noch schlimmer zu machen. Gedanken wie "Er hat alle gegrüßt, nur mich nicht, weil er mich hasst", "Mein Chef hat die Stirn gerunzelt, als er sich meine Präsentation angehört hat, weil er mich feuern will" oder "Sie hat mich an meinem Geburtstag nicht angerufen. Sie ist eine schlechte Freundin und kümmert sich nicht um mich" sind typische selbstsabotierende Gedanken, die ein stärkerer Auslöser sein können, als sie sein müssen.

Als Nächstes überlegst du dir eine Erklärung für die Situation, damit du das Erlebte neu interpretieren und positiv bewerten kannst. Das nennt man "Umdeutung der Bedeutung" des Ereignisses. So könntest du jetzt entscheiden, dass du dich "erleichtert", "dankbar" oder "vergebend" fühlst. Letzteres ist besonders nützlich, wenn dich jemand ohne Absicht verletzt hat (z. B. indem er einen wichtigen Tag wie einen Geburtstag oder ein Jubiläum vergessen hat).

Unterschiedliche Situationen können die Verwendung verschiedener Arten von "Frames" erforderlich machen. Der Life Coach und Mind Mapper Adam Sicinski (Sicinski, 2018) schlägt vor, eine breite Palette von Frames zu verwenden, darunter:

- Ergebnisrahmen - dabei geht es darum, dich auf das zu konzentrieren, was du erreichen willst, damit du deine Gefühle, Gedanken und Handlungen in eine bestimmte Richtung lenken kannst.
- "Als ob"-Frames - stell dir vor, dass dein Zielszenario erreicht wird. Du könntest dir z.B. vorstellen, dass du im Angesicht von Ärger ruhig und konzentriert bleibst. Das bringt dich in eine bessere Gemütslage und hilft dir, deine Hindernisse zu überwinden.
- Zeitrahmen - gib dir eine bestimmte Zeit, in der du dein Problem lösen musst.
- Metaphorische Umdeutungen - verwende Metaphern, um deine Situation in einem klareren Licht zu sehen.
- Positive Intention Frames - der Versuch, gute Absichten oder gute Gründe hinter bestimmten Verhaltensweisen zu sehen.

- Die Wichtigkeit wird neu bewertet, indem man sich auf eine wichtige Sache konzentriert, anstatt auf alles, was gesagt und getan wurde.
- Perspektivwechsel - überlege dir, wie die andere Person den Konflikt zwischen euch sehen könnte, zum Beispiel.
- Alternativen: Wie viele andere Möglichkeiten gibt es, dieses Problem zu lösen, außer der, die du gewählt hast? Könnte eine davon von Interesse sein?
- Humor macht sich über dich oder die Situation lustig.

▶ **Grünes Licht:**

Genieße das neue, positivere Gefühl, das du empfindest. Gönne dir auch ein wenig Zeit, um dich glücklich und stolz auf deine Leistung zu fühlen, denn du hast es geschafft, die Schwere einer Situation drastisch zu verringern.

WELCHE STRATEGIEN NUTZEN EMOTIONAL INTELLIGENTE MENSCHEN, UM IHRE EMOTIONEN AUF GESUNDE WEISE AUSZUDRÜCKEN?

Das Ampelsystem hilft dir, wenn eine herausfordernde Situation deine "Kampf- oder Flucht"-Reaktion auszulösen droht, aber es gibt noch viele weitere Strategien, die dir helfen können, ein emotional intelligenter Mensch zu werden. Die einflussreiche Publikation *The Emotionally Intelligent Manager* (Caruso & Salovey, 2004) nennt vier Schlüsselkompetenzen, die für emotionale Intelligenz entscheidend sind:

- Erkenne deine Gefühle und die der anderen.
- Nutze diese Gefühle, um dein Denken und deine Überlegungen zu steuern.
- Verstehen, dass Gefühle nicht dauerhaft sind; sie können sich im Laufe der Zeit oder durch veränderte Umstände manchmal dramatisch verändern.
- Offen sein für Daten über Gefühle und sie in deine Überlegungen und Handlungen einbeziehen.

Wenn du das nächste Mal eine wütende E-Mail erhältst, halte inne und frage dich selbst, anstatt blitzschnell zu antworten und zu tippen: "Welche Emotionen empfinde ich gerade?" Schon diese kleine Pause kann dich auf den Weg zu mehr Achtsamkeit bringen und dich in die Lage versetzen, effektiver zu reagieren.

Zur emotionalen Intelligenz gehört auch, dass du klug genug bist, dir Feedback von Freunden und Familie zu holen. Wenn du einem Freund oder einer Freundin von einem Problem oder einem Konflikt erzählst, erwarte nicht, dass er oder sie einfach alles akzeptiert, was du sagst. Sei offen für ihre Interpretationen eines Ereignisses, vor allem wenn sie dir helfen können, die Dinge positiver zu sehen oder neue Verhaltensweisen oder Strategien vorzuschlagen. Nimm dir die Zeit, sie nach Informationen darüber zu fragen, wie du mit ihnen umgehst, wenn eine schwierige Situation auftritt. Sei offen und sprich das Thema mit Humor und Herzlichkeit an, damit sie ehrlich sein können. Versuche, das, was sie dir gesagt haben, anzuwenden, um deinen Kommunikationsstil mit ihnen und anderen Menschen zu verbessern.

Sei bereit, dir eine "Auszeit" zu gönnen, wenn du dich überfordert fühlst, anstatt jemanden sofort zu konfrontieren. Lehne dich zurück und versuche zu verstehen, warum die Person so mit dir gesprochen hat, dass du dich ungehört, nicht beachtet oder nicht respektiert fühlst. Empathie ist eine wichtige Strategie, um Situationen zu entpersonalisieren und zu verstehen, dass alle anderen Menschen in deinem Leben einen schlechten Tag haben, müde sind oder mit Problemen kämpfen, die sie weniger freundlich reagieren lassen, als sie es unter normalen Umständen tun würden. Schließlich solltest du wissen, dass jeder Fortschritt Zeit braucht und mit kleinen Rückschlägen verbunden ist. Bleibe positiv gestimmt, dass du innehalten und Situationen überdenken kannst, auch wenn es nicht auf Anhieb klappt.

POSITIVE WEGE, DEINE GEFÜHLE AUSZUDRÜCKEN

Überlege dir im Alltag, wie du deine Gefühle klar und auf eine Weise ausdrücken kannst, die bei anderen gut ankommt. Dazu gehört, dass du anderen zuhörst (um Empathie aufzubauen), dir selbst jeden Tag positive Botschaften gibst, dich um dein geistiges Selbst kümmerst, die Anzahl der lauten Ablenkungen um dich herum reduzierst, anderen vergibst, wenn sie dich unabsichtlich verletzen oder stören, Dinge in deinem Leben akzeptierst, die du nicht ändern kannst, dich bemühst, bewusst im gegenwärtigen Moment zu leben (anstatt Dinge aus der Vergangenheit zu bedauern oder dir Sorgen um die Zukunft zu machen), eine neue

Aktivität oder ein neues Hobby ausprobierst, dich auf ein Abenteuer einlässt, an einem Kunstkurs teilnimmst und einfach dankbar für all die guten Dinge bist, die du hast. Wie du siehst, gibt es so viele Möglichkeiten, und meistens wirst du feststellen, dass du dich auf mehr als eine davon verlassen kannst, um dich zu zentrieren und positiv zu bleiben.

UNTERSCHIEDLICHE STRATEGIEN FÜR UNTERSCHIEDLICHE EMOTIONEN

Manchmal erfordern negative Emotionen eine andere Art des Handelns. Wenn du zum Beispiel tieftraurig bist und dieses Gefühl dich daran hindert, deine täglichen Aufgaben zu erledigen, könnte das ein Anzeichen für eine Depression sein - ein Zustand, der von einem Fachmann diagnostiziert und behandelt werden sollte. Wenn du vor etwas Angst hast (z. B. wenn du Flugangst hast und in ein paar Tagen einen Flug antreten musst), dann kann dich eine Ablenkung wie das Schreiben eines Blogbeitrags oder das Skizzieren eines Stilllebens aus einem ängstlichen Zustand herausholen. Wenn du dich vor jemandem ekelst, kann dir Empathie helfen, eine neue Perspektive darauf zu gewinnen, warum er sich selbst und andere im Stich lässt. Wenn du vor Wut brodelst, kann es helfen, dich aus eine aufgeheizten Situation zu lösen, indem du im Grünen spazieren gehst, Musik hörst oder dich mit einem Freund zum Mittagessen triffst. Vor allem achtsame Aktivitäten sind starke Stresskiller.

POSITIVE VERHALTENSÄNDERUNGEN VORNEHMEN

Ich habe bereits über die CBT und den Fokus auf die unaufhaltsame Beziehung zwischen Gedanken, Emotionen und Verhaltensweisen gesprochen. Wie bereits erwähnt, kann schon eine kleine Veränderung in einem dieser drei Bereiche eine tiefgreifende Wirkung auf die anderen beiden haben. Mit anderen Worten: Wenn du dich produktiver und überlegter verhältst (auch wenn du daran zweifelst), wirst du vielleicht überraschend gute Ergebnisse erzielen. Du fühlst dich dann vielleicht glücklicher über eine Situation und denkst auch positiver über sie.

Wenn du ein Tagebuch führst, schreibe ein paar positive Verhaltensänderungen auf, die du dir vorgenommen hast. Nachdem du sie ausprobiert hast, halte deine Ergebnisse fest. Probiere jede einzelne Verhaltensweise mehr als einmal aus, denn ihr Erfolg kann von einer Vielzahl heikler Umstände abhängen, die nicht unbedingt jedes Mal gegeben sind. Vielleicht stellst du auch fest, dass manche Verhaltensweisen (z. B. die Verwendung von Humor, um Spannungen während eines Streits mit deinen Kindern abzulenken) bei manchen Menschen besser funktionieren als bei anderen. Dein Tagebuch ist ein Zeugnis dafür, wie sehr du dich um eine Veränderung bemühst, und es ist auch eine Art "Untersuchung" der Strategien und Taktiken, die die besten Ergebnisse erzielen.

Positive Verhaltensweisen sind sehr persönlich, da wir alle unsere eigenen Vorlieben, Werte und Überzeugungen haben. Studien haben gezeigt, dass die meisten Menschen davon profitieren, wenn sie sozial interagieren (lächeln, Blickkontakt aufnehmen und sich mit anderen unterhalten), eine selbstbewusste Körpersprache praktizieren, Musik hören, die die Stimmung hebt, einen geliebten Menschen umarmen und eine fröhliche Bewegung ausführen (z. B. hüpfen, tanzen oder hüpfen). Letzteres ist ein perfektes Beispiel für ein Verhalten, das die Stimmung fast augenblicklich beeinflussen kann. Es ist schwierig, diese Aktivität auszuführen, ohne zu lachen und andere zum Lachen zu bringen.

Eine weitere Aktivität besteht darin, laut zu lachen - auch wenn niemand einen lustigen Witz gemacht hat. Diese Aktivität macht besonders viel Spaß, wenn du sie gemeinsam mit anderen durchführst, denn was als "falsches Lachen" beginnt, verwandelt sich schnell in ein echtes Bauchlachen, das manchmal sogar zu

Freudentränen führt. Zahlreiche Studien haben gezeigt, dass Lachen eine ganze Reihe von Vorteilen für deine Gesundheit hat. Es unterbricht die "Kampf- oder Flucht"-Reaktion, baut Spannungen ab, steigert die persönliche Zufriedenheit und hebt die Stimmung. Es hat auch beeindruckende physiologische Vorteile, denn es stärkt das Immunsystem und lindert Schmerzen.

▶ Stimmungsjournalismus

Tagebuchschreiben ist eine beliebte Aktivität für alle, die sich gerne durch das geschriebene Wort ausdrücken. Es hat viele Vorteile: Untersuchungen haben gezeigt, dass Traurigkeit, Wut und Schmerz dadurch weniger intensiv werden (University of California-Los Angeles, 2007). Das liegt daran, dass das Aufschreiben von Gedanken und Gefühlen von Natur aus achtsam ist. Die Forscher fanden heraus, dass Achtsamkeit die Aktivität in dem Teil des Gehirns erhöht, der für das Denken zuständig ist, und die Aktivierung des emotionalen Zentrums des Gehirns verringert.

Wenn es um Wut geht, kann das Führen eines Stimmungstagebuchs (ein Tagebuch, das sich speziell auf Emotionen konzentriert) besonders nützlich für deine psychische Gesundheit sein (Garone, 2020). Um dein Tagebuch zu beginnen, schreibe die folgenden Spaltenüberschriften in dein Buch:

- Der Name der gefühlten Emotion.
- Was hat dich dazu gebracht, es zu fühlen?
- Welche Verhaltensweisen oder Handlungen die Emotion selbst bei dir ausgelöst hat.
- Ist dieses Gefühl der Situation angemessen?
- Muss diese Situation oder dieses schmerzhafte/stressige Gefühl gelöst werden und wenn ja, welche praktischen Schritte kannst du unternehmen, um dieses Ziel zu erreichen?

Dein Tagebuch könnte etwa so aussehen:

Der Name der gefühlten Emotion	Was mich veranlasst hat, es zu fühlen	Die Verhaltensweisen oder Handlungen, zu denen mich die Emotion veranlasst hat	Ist dieses Gefühl der Situation angemessen?	Wenn diese Situation/ Emotion gelöst werden muss, welche praktischen Schritte kann ich unternehmen, um dieses Ziel zu erreichen?

Wenn du diese Spalten ausfüllst, kannst du dir selbst besser bewusst machen, welche Emotionen dich am häufigsten niederdrücken, wie häufig du Wutausbrüche hast und welche praktischen Schritte am erfolgreichsten sind. Es kann auch Bereiche in deinem Leben aufzeigen, die du priorisieren musst. Wenn du zum Beispiel feststellst, dass du mehrmals pro Woche sehr starke oder anhaltende Wutausbrüche hast, solltest du dich vielleicht für eine professionelle Beratung entscheiden. Das Führen eines Tagebuchs kann dich überraschen, denn obwohl dein Hauptanliegen die Wut ist, stellst du vielleicht fest, dass du auch andere häufige Emotionen wie Sorgen, Ängste und Traurigkeit hast, die auf Ängste oder Depressionen hindeuten könnten.

Das Ziel des Tagebuchschreibens ist es, Dinge zu entdecken, die dir vielleicht gar nicht bewusst sind, deine Hauptauslöser kennenzulernen und den Erfolg verschiedener Wutbewältigungsstrategien zu bewerten. Um das Beste aus deinem Tagebuch zu machen, solltest du versuchen, jeden Abend oder so oft wie möglich zu schreiben. Mach es dir einfach und attraktiv, indem du einen ruhigen, ansprechenden Ort für diese Aufgabe wählst. Du kannst dein Tagebuch für dich behalten, aber wenn du es einem vertrauenswürdigen Freund oder Familienmitglied zeigst, kann das auch ein Ausgangspunkt für eine Diskussion darüber sein, wie du mit deiner Wut umgehst, und dir das Gefühl geben, diese Emotion besser unter Kontrolle zu haben.

▶ Sich selbst Zeit und Raum geben

Das Leben wirft dir eine Menge Bälle zu und selbst wenn alles ziemlich routinemäßig erscheint, hast du vielleicht verschiedene Verpflichtungen, die dich in alle Richtungen drängen - deine Verantwortung gegenüber deinem Team, deinem Ehepartner, deinen Eltern,

Kindern und Freunden. Um bei Verstand zu bleiben und dir selbst Wohlbefinden zu schenken, ist ein wenig "Zeit für mich" unerlässlich. Zeit ist der größte Luxus und Zeit ist Geld. Wo kannst du also ein wenig mehr von diesem kostbaren Gut finden?

Auch hier ist Achtsamkeit der Schlüssel, ebenso wie sich hinzusetzen und Notizen zu machen. Versuche, einen digitalen Zeitplan zu führen, der dir zeigt, wie viel Zeit du für jeden wichtigen Aspekt deines Lebens aufbringst. So vermeidest du, dass du Zeit für unwichtige Dinge verschwendest, und kannst ein wenig wertvolle Zeit für dich selbst einplanen. Nimm dir dabei etwas mehr Zeit, als du ursprünglich geplant hattest. Manchmal können Dinge wie Straßenverkehr, Anrufe und andere Unterbrechungen die Zeit verkürzen, die du deiner gewählten Aktivität widmen kannst.

Ein Blick auf deinen Terminkalender zeigt dir auch deutlich, zu welchen Veranstaltungen, Meetings, Anrufen und Chats du besser "Nein" sagst. "Nein" zu sagen kann schwierig sein, wenn du ein "Menschenfreund" oder ein Empath bist. Es zahlt sich jedoch aus, darauf zu achten, wie du deine Freizeit verbringst, denn es ist genauso wichtig, dich um deine eigene Gesundheit und dein Wohlbefinden zu kümmern, wie um deine Eltern, deinen Partner oder Ehepartner, deine Arbeit und deine Freunde.

▶ Das Rampenlicht wieder auf deine Kinder lenken

Deine Wut wirkt sich auf deine Kinder aus, weil sie emotional auf den Input reagieren, den sie von dir erhalten. Alle Menschen reagieren auf Gefühle, Worte und andere Botschaften, aber bei Kindern ist diese Reaktion noch stärker, weil sie noch viele wichtige Entwicklungsphasen durchlaufen. Dein Kind kann zu Hause verschiedenen Arten von Wut ausgesetzt sein: plötzliche Wut (Ausbrüche, die auftreten, wenn du dich in die Enge getrieben oder ausgelöst fühlst), gefestigte und absichtliche Wut (die eine Reaktion auf absichtlichen Schaden oder eine Reaktion auf empfundene Ungerechtigkeit oder Verletzungen deiner Rechte ist) und dispositionelle Wut (die eher eine dauerhafte Eigenschaft oder Gewohnheit ist, die normalerweise als Reizbarkeit, Mürrischkeit oder Griesgrämigkeit beschrieben wird). Wut kann offen sein oder durch andere Verhaltensweisen verdeckt werden. Ein Kind kann auch dann unter den Auswirkungen von Wut leiden, wenn sie sich gegen jemand anderen richtet (z. B. gegen seine Geschwister oder deinen Partner oder Ehepartner).

Wir haben bereits erwähnt, auf welche vielfältige Weise Wut der Gesundheit, dem Wohlbefinden und den zukünftigen Beziehungen deines Kindes schaden kann.

Es gibt noch eine weitere Auswirkung, die unkontrollierte Wut haben kann: Sie kann die Fähigkeit deines Kindes beeinträchtigen, seine Gefühle zu interpretieren (Capriola, n.d.). Das wiederum behindert die Fähigkeit deines Kindes, emotionale Intelligenz zu entwickeln und nützliche Fähigkeiten zur Wutbewältigung zu trainieren.

Als Eltern lohnt es sich immer, uns selbst ein paar Fragen zu stellen, um uns selbst im Zaum zu halten (schließlich wird das niemand anderes für uns tun). Die wichtigsten Fragen, die wir uns stellen sollten, sind:

- Sprichst du mit deinem Ehepartner unter vier Augen über erwachsene Themen (wie Geld, Sex, Familienkonflikte usw.) oder hören deine Kinder Worte, vor denen sie vielleicht geschützt werden sollten?
- Kommunizieren du und dein/e Ehepartner/in in einer liebevollen, respektvollen Art und Weise (denk daran, dass dein Kind dir spiegelt, was es sieht)?
- Versuchst du, deinem Kind wichtige Lektionen beizubringen, wenn es etwas falsch macht, oder richtest du deine Wut direkt oder indirekt auf sie? Wenn du deine Wut auf ein Kind richtest, kann es sich verschließen und aufhören, dir

zuzuhören. Indirekte Wut hingegen kann dazu führen, dass schädliche Konfliktlösungsstrategien angewandt werden. Ein Beispiel für indirekte Wut ist, wenn du schwierige Situationen zu Hause meisterst, indem du dein Kind in sein Zimmer schickst. Das kann ein distanziertes Verhalten deines Kindes fördern, wenn es älter ist.

Wenn du dich auf dein Kind konzentrierst und immer sein Wohlbefinden im Auge behältst, kannst du dich zurückhalten, bevor du sein Verhalten persönlich nimmst. Wenn dein Kind ein Problem hat, versuche es zu beruhigen und stelle ihm Fragen, sobald es entspannter ist. Wenn du mit deinem Kind sprichst und ihm viel Zeit schenkst, wirst du vielleicht überrascht sein, wenn du herausfindest, dass es sich aufspielt, weil es in der Schule gemobbt wird oder weil es Angst hat, im Dunkeln zu schlafen. Die Wut deines Kindes kann wichtige Informationen offenbaren, die Handeln erfordern.

Fördere liebevolle Gefühle und Freundlichkeit zu Hause und nimm dir die Zeit, dein Kind zu fragen, warum es früher am Tag oder in der Nacht zuvor wütend war. Lass die Gelegenheit nicht verstreichen, kleine oder große Veränderungen vorzunehmen, die dein Kind braucht. Wenn dein Kind zum Beispiel Angst vor der Dunkelheit hat, kann ein einfaches Nachtlicht helfen, die Niedergeschlagenheit zu bekämpfen und viele Nächte voller Weinen, Sorgen und Ärger zu verhindern.

KLARE UND WIRKSAME KOMMUNIKATION IST UNERLÄSSLICH

Einer der effektivsten Wege, um Ärger zu umgehen, ist es, mit deinen Kindern auf Augenhöhe zu sein. Du musst effektiv mit ihnen kommunizieren, aber auch zuhören, was sie dir zu sagen haben. Wenn ihr als Team arbeitet und euch darauf konzentriert, Probleme zu lösen, anstatt zu versuchen, Streit zu "gewinnen", könnt ihr viel bessere Ergebnisse erzielen.

WAS IST WIRKSAME KOMMUNIKATION?

Effektive Kommunikation beinhaltet mehr als nur den Austausch von Informationen mit anderen. Sie erfordert auch, dass wir die Emotionen verstehen, die den Worten zugrunde liegen, die wir und andere verwenden (Robinson et al., 2020). Manchmal denken wir, dass das, was wir sagen, klar ist. Aber unsere beabsichtigte Botschaft ist eine Sache, und die Botschaft, die bei der anderen Person ankommt, kann etwas ganz anderes sein. Das kann zu Konflikten am Arbeitsplatz, in der Familie und mit Freunden und Bekannten führen.

Kommunikation ist nicht so geheimnisvoll, wie es scheint, vorausgesetzt du lernst die Fähigkeiten, die du brauchst, um sinnvolle Beziehungen zu anderen aufzubauen, Vertrauen und Respekt zu priorisieren, Probleme zu lösen und an deiner psychischen Gesundheit und deinem Wohlbefinden zu arbeiten.

HINDERNISSE FÜR EINE GUTE KOMMUNIKATION ERKENNEN

Der erste Schritt, um optimal mit anderen zu kommunizieren, besteht darin, häufige Hindernisse zu erkennen, die dir im Weg stehen. Dazu können gehören:

▶ Unproduktive Körpersprache

Viele Menschen schätzen die Körpersprache nicht in dem Maße, wie sie es verdient. Untersuchungen haben gezeigt, dass Worte, Körpersprache und Tonfall 7 %, 55 % bzw. 38 % der effektiven Kommunikation ausmachen

(Mehrabian, 1981). Es ist erstaunlich, dass die Gesten, die du verwendest, die Art, wie du jemanden ansiehst, oder die Position deiner Arme jemanden ablenken oder dich wütend oder aggressiv erscheinen lassen können, obwohl du eigentlich das genaue Gegenteil beabsichtigst. Um produktiv zu sein, muss die Körpersprache mit deinen Worten und deinem Tonfall übereinstimmen sowie offen und aufrichtig sein. Wenn du mit einer Person sprichst, schau sie an, vermeide es, die Arme vor der Brust zu verschränken und wende Taktiken an, wie z. B. ab und zu zu nicken und "Ja, ich verstehe Sie" zu sagen, um zu zeigen, dass du ganz bei der Sache bist und dich für das interessierst, was sie zu sagen hat.

▶ Mangelnde Präsenz zeigen

In seinem Bestseller "*Die Macht des Jetzt: Ein Leitfaden zur spirituellen Erleuchtung* schreibt Eckhart Tolle: "Stress entsteht dadurch, dass man 'hier' ist, aber 'dort' sein möchte, oder dass man in der Gegenwart ist, aber in der Zukunft sein möchte." Wenn dein Kind versucht, dir etwas Wichtiges mitzuteilen, und du nickst nur, während du eine SMS schreibst, eine E-Mail beantwortest oder ein YouTube-Video anschaust, dann ist es leicht zu verstehen, dass es sich frustriert und ungeliebt fühlt, obwohl es deine Aufmerksamkeit braucht.

▶ Zuhören, um zu reden

Wenn du mit deinen Kindern oder deinem Ehepartner ein wichtiges oder spannendes Thema besprichst, hast du vielleicht schon viel zu sagen und hast dir sogar schon vor Beginn der Diskussion alle wichtigen Punkte überlegt. Wenn deine Liebsten sprechen, nickst du vielleicht schnell und wartest darauf, dass sie zu Ende reden, damit du deine gut geplante Rede halten kannst. Das ist wie Reden (nicht wie Kommunizieren), da es nur in eine Richtung geht. Wenn du dich so verhältst, können die anderen erkennen, dass du ihnen nicht wirklich zuhörst. Effektive Kommunikation ist ein großzügiger Akt - es ist ein Geben und Nehmen. Wenn dir jemand sein Herz ausschüttet, dir Feedback gibt oder sich über etwas beschwert, zeige Einfühlungsvermögen und zeige ihm, dass dir das, was er sagt, wichtig ist.

DIE SÄULEN DER EFFEKTIVEN KOMMUNIKATION

Um ein guter Kommunikator zu sein, muss man nicht nur beobachten, sondern auch die richtigen Worte, den richtigen Tonfall und die richtige Körpersprache verwenden. Es gibt vier wichtige Werkzeuge, die du brauchst, um die Kunst der effektiven Kommunikation zu verfeinern (Robinson et al., 2020): Stressabbau, Körpersprache erkennen und interpretieren lernen, anderen deine volle Aufmerksamkeit schenken und selbstbewusst kommunizieren. Wenn du mit anderen sprichst, solltest du die folgenden Werkzeuge einsetzen, um sicherzustellen, dass du mit ihnen auf eine Weise kommunizierst, die sie verstehen und für die sie empfänglich sind.

▶ **Lerne, deinen Stress abzubauen.**

Es kann sein, dass du "aus allen Nähten platzt", um ein Thema mit einem geliebten Menschen oder einer Kollegin oder einem Kollegen anzusprechen, aber du musst dir darüber im Klaren sein, ob es der richtige Zeitpunkt ist oder nicht. Die Tatsache, dass du dich kaum beherrschen kannst, könnte ein Zeichen dafür sein, dass du gestresst bist und eine Pause brauchst, um deine Gedanken zu sammeln und zu überlegen, wie du etwas formulieren möchtest.

Natürlich hast du manchmal nicht die Wahl - vielleicht musst du bei einem Vorstellungsgespräch, am Arbeitsplatz oder in einer spontanen Situation zu Hause eine gute Leistung erbringen und deine Kommunikationsfähigkeiten unter Beweis stellen.

Um unter Druck ruhig zu bleiben, kannst du dich auf Techniken verlassen, die in angespannten Momenten lebensrettend sein können. Dazu gehört, dass du ein paar Minuten lang tief durchatmest, dich selbst daran erinnerst, innezuhalten, anstatt deine Gedanken zu überstürzen und zu versuchen, sie alle auf einmal loszuwerden, und den Redner/die Rednerin bittest, das Gesagte zu wiederholen, wenn du etwas mehr Zeit brauchst, um es zu verarbeiten.

Manche Menschen haben einen Stressball, den sie in Zeiten der Anspannung zusammendrücken, andere finden Trost in der progressiven Muskelentspannung. Bei der progressiven Muskelentspannung werden die Muskeln am ganzen Körper (von den Füßen bis zum Kopf) für ein paar Sekunden angespannt und dann wieder entspannt. Das kann dir wirklich zeigen, wie viel Spannung du in dir aufgestaut hast. Es kann auch helfen, wenn du eine Diskussion oder einen Konflikt nicht mehr als "Kampf" ansiehst, sondern als eine Möglichkeit für dich und die andere Person, durch einen Kompromiss zu einem Konsens zu kommen. Denke daran, klar und deutlich zu sprechen.

▶ **Lerne, auf die Körpersprache zu achten und sie zu deuten.**

Wie oft hast du schon eine unschuldige Bemerkung zu einem Freund, deinem Ehepartner oder deinen Kindern gemacht, nur um dann scheinbar aus dem Nichts angeschnauzt zu werden? Sie könnten dir die ganze Zeit über eine Fülle von Hinweisen gegeben haben, aber du hast sie vielleicht nicht bemerkt, weil diese Signale nonverbal waren. Wenn sie keinen Augenkontakt zu dir halten können, ihren Körper vor dir "verschließen", indem sie die Arme verschränken oder ihren Körper (Füße, Oberkörper, Beine) von dir wegdrehen, könnten sie wütend, enttäuscht oder frustriert sein.

Du solltest auch versuchen, auf deine eigene Körpersprache zu achten. Verwende eine offene, rezeptive Körpersprache, wenn du mit deinem Kind sprichst. Dazu gehört, dass du deine Augen weit öffnest, dein Gesicht und deinen Oberkörper dem Sprecher oder der Sprecherin zuwendest, die Hände offen hältst, die Handflächen nach oben zeigst und die Füße zu ihm oder ihr hinstreckst (Morgan, 2011). Du kannst auch Hilfsmittel wie Berührungen einsetzen (deinem Kind sanft auf den Rücken klopfen oder deine Hand leicht auf die Schulter legen, während es Traurigkeit ausdrückt oder anderweitig über seine Gefühle spricht), in einem sanften Tonfall sprechen und deine Augenbrauen leicht wölben, um zu zeigen, dass du ein echtes Interesse an dem hast, was es sagt.

▶ **Schenke anderen deine volle Aufmerksamkeit.**

Zuhören zu können ist der Grundstein für eine gute Kommunikation, vor allem in einer hektischen Welt, in der es manchmal so aussieht, als hätte niemand die Zeit, anderen zuzuhören. Wenn du mit deinen Kindern sprichst, versuche, mit dem rechten Ohr zu ihnen zu sitzen, denn die rechte Seite deines Körpers ist mit der linken Gehirnhälfte verbunden (die eine Schlüsselrolle bei der Verarbeitung von Gefühlen, Sprache und Sprache spielt). Vermeide es, sie zu unterbrechen, zu verurteilen, zu kritisieren oder ihnen Vorwürfe zu machen, auch wenn du nicht mit allem einverstanden bist, was sie sagen. Sei offen für Feedback - es ist ein unschätzbares Geschenk, das sich Menschen aus Angst vor Ablehnung oft nicht zu geben wagen.

▶ **Kommuniziere selbstbewusst.**

Es ist wichtig, dass du zuhörst, aber auch deine Meinung sagst, denn du solltest deine Bedürfnisse und Anliegen genauso wertschätzen wie die der anderen. Es ist in Ordnung, wenn du deine Grenzen aufzeigst, Nein zu etwas sagst, das deiner Meinung nach nicht gut für dein Kind ist, und Dinge sagst, die du nicht magst - solange du dabei Respekt, Freundlichkeit und eine nicht konfrontative Körpersprache bewahrst.

Zwei wichtige Selbstbehauptungstechniken sind die einfühlsame Durchsetzung (die Person wissen lassen, dass du sie verstehst, ihr aber auch deine Bedürfnisse mitteilen - wenn dein Kind länger aufbleiben möchte, könntest du sagen: "Ich verstehe, dass du länger bei uns bleiben möchtest, aber du musst pünktlich ins Bett gehen, damit du dich morgen energiegeladen fühlst") und die eskalierende Durchsetzung (wenn es sein muss, kannst du auch etwas energischer sein - zum Beispiel könntest du deinem Kind sanft sagen: "Ich möchte dir wirklich eine halbe Stunde Zeit geben, um an deinem Computer zu spielen, aber wir haben bereits vereinbart, dass du deine Hausaufgaben vor dem Spielen erledigst").

WIE DU EFFEKTIV MIT ANDEREN KOMMUNIZIERST

Unabhängig von der Umgebung, in der du dich befindest, oder von den Menschen, mit denen du sprichst (Erwachsene oder Kinder), umfasst effektive Kommunikation fünf Schlüsselkompetenzen (Touro University Worldwide, n.d.). Diese sind wie folgt:

- **Wissen, wie man zuhört**

Hör nicht nur mit den Ohren zu, sondern sei ganz präsent, wenn jemand anderes spricht, und lass Sorgen und Gedanken wie die Arbeit, die du erledigen musst, den Streit mit deinem Chef oder die Hausarbeit, die du erledigen musst, beiseite.

- **Einfühlungsvermögen üben**

Versucht, euch in die Lage des Sprechers/der Sprecherin zu versetzen und urteilt nicht, auch wenn er/sie eine Situation anders empfindet oder denkt. Stell dir vor, wie es sein muss, diese Person zu sein, mit all ihren Freuden, Ängsten und unzähligen komplexen Gefühlen.

- **Andere ermutigen**

Lobe andere und ermutige sie, Ideen zu teilen, Vorschläge zu machen und Feedback zu geben. Bei guter Kommunikation geht es um mehr als das, was du sagst. Sie beginnt schon viel früher - im täglichen Umgang mit anderen, in der Art und Weise, wie du sie aufmunterst und ihnen das Gefühl gibst, geschätzt und respektiert zu werden.

- **Wahrnehmen, wie es anderen geht**

Um zu wissen, wie es einer Person geht, musst du ein wenig über ihr Leben wissen. Selbst am Arbeitsplatz zahlt es sich aus, Zeit in andere zu investieren, damit sie sich wohl fühlen, wenn sie dir ihre Gefühle mitteilen und sich auch mit guten Nachrichten an dich wenden. Wenn du dein Interesse an anderen Menschen zum Ausdruck bringst, entsteht eine gute Beziehung, und wenn du diskret mit den Informationen umgehst, die sie mit dir teilen, kannst du Vertrauen aufbauen.

- **Freundliche Körpersprache beibehalten**

Halte die meiste Zeit, in der du mit anderen sprichst, Augenkontakt und scheue dich nicht, ein wenig zu gestikulieren, um deinen Standpunkt zu unterstreichen. Stehe aufrecht und grüße die Leute mit einem Lächeln. Berühre sie, wenn es nötig ist (z. B. wenn jemand verärgert ist und beruhigt werden muss).

WIE DU EFFEKTIV MIT DEINEM KIND KOMMUNIZIERST

Kinder können sehr sensibel auf deinen Tonfall, deine Körpersprache und deine Worte reagieren. Wähle deine Worte mit Bedacht. Sie können verletzend oder aufbauend sein und den Unterschied zwischen einem ängstlichen und einem widerstandsfähigen Kind ausmachen. Denke daran, die folgenden Fähigkeiten einzusetzen, damit sich dein Kind gehört, verstanden und geliebt fühlt:

- **Höre mit deinem ganzen Körper zu.**

Zeige deinem Kind, dass du dich um dein Kind kümmerst, indem du dich neben deinem Kind setzt, seine Hand hältst oder ihm den Rücken massierst, wenn es weint, und seinen Worten und Emotionen zuhörst, die es zeigt.

- **Nimm die Emotionen auf.**

Achte auf sie und beschäftige dich mit ihren Gefühlen. Versuche zu verstehen, was sie nicht begreifen können, und hilf ihnen, ihre Gefühle zu identifizieren - das ist ein Schlüsselelement der Emotionsregulierung. Wenn sie weinen und etwas sagen wie: "Ich hasse Lily. Sie hat mir mein Lieblingsspielzeugauto weggenommen und es kaputt gemacht", kannst du sagen: "Oh, ich verstehe, du musst wütend sein. Ich würde mich auch wütend fühlen. Ich weiß, wie sehr du dieses Spielzeug liebst."

- **Erkenne die Gefühle deines Kindes an.**

Kinder können viele Gefühle haben. Sie können sich freuen, traurig, zuversichtlich, wütend, beschämt, verängstigt und vieles mehr sein. Es ist wichtig, diese Gefühle zu akzeptieren (*Child & Adolescent Behavioral Health,* n.d.), denn Kinder sollten nicht das Gefühl haben, dass sie immer glücklich sein müssen. Sprich zu Hause regelmäßig über Gefühle und bitte dein Kind, gemeinsam mit dir die Gefühle seiner Lieblingsfiguren aus Büchern, Zeichentrickfilmen oder Filmen zu benennen. Und schließlich solltest du deine eigenen Gefühle häufig mitteilen, damit dein Kind lernt, dass es gut ist, seine Gefühle auszudrücken, selbst wenn es sich um negative Gefühle handelt.

- **Bringe ihnen bei, wie sie ihre Gefühle angemessen ausdrücken können.**

Eltern haben oft den Instinkt, die Dinge für ihre Kinder zu "reparieren" oder zu versuchen, das Weinen schnell zu beenden. Für ein Kind in Not gibt es jedoch nichts Beruhigenderes als ein Elternteil, das ihm hilft, seine Gefühle zu erkennen, und das es für seinen positiven Gefühlsausdruck belohnt. Lobe dein Kind und sage etwas wie: "Wow, du hast deine Enttäuschung wirklich gut verarbeitet. Ich habe gesehen, dass du traurig warst, als Jamies Mutter sagte, dass sie heute nicht spielen kann, aber du hast sie umarmt und gesagt, dass ihr stattdessen morgen spielen könnt."

- **Verschiebe die Korrektur und sammle mehr Informationen.**

Wenn du vorschnell ein Problem "löst", ohne deinem Kind zuzuhören, kann es sich noch frustrierter fühlen. Ein guter Detektiv überstürzt nichts. Sie beobachten und sammeln nützliche Informationen, bis sie das Licht am Ende des Tunnels sehen.

- **Gib deinem Kind Raum und Zeit zur Selbstregulierung.**

Wenn dein Kind seine Gefühle auf unangemessene Weise zum Ausdruck bringt, solltest du zunächst seine Gefühle anerkennen und dann kurz, aber bestimmt die logische Konsequenz seines Handelns nennen. Du könntest zum Beispiel sagen: "Ich kann verstehen, dass du wütend bist, weil dein Bruder dein Lieblingsbuch zerrissen hat. Das bedeutet, dass er dir von seinem wöchentlichen Taschengeld ein neues kaufen muss, aber es bedeutet auch, dass du dich dafür entschuldigen musst, dass du ihm auf die Hand geschlagen hast, als er dir das Buch zurückgegeben hat. Mach eine kleine Pause und wir können darüber reden, wenn du dich wieder ruhiger fühlst." Wiederhole deine Worte nicht und rede nicht um den heißen Brei herum. Mach es kurz und bündig.

- **Sieh die gute Seite des Lebens.**

Selbst wenn es scheint, als hätte Murphys Gesetz zugeschlagen, können wir positive Verhaltensweisen vorleben und unseren Kindern beibringen, aus jeder schwierigen Situation das Positive zu ziehen. Wenn dein Kind sich zum Beispiel mit einem Freund gestritten hat, stelle ihm Fragen wie "Was kannst du daraus lernen?", "Was kannst du beim nächsten Mal anders machen?" und "Was ist die Lösung für dieses Problem?".

- **Bringe deinem Kind Entspannungstechniken bei.**

Bringe deinem Kind bei, Stress durch Achtsamkeitsmeditation, Kinderyoga, Tanz und bildende Kunst zu bekämpfen. Gib deinem Kind die Werkzeuge, die es braucht, um diese Methoden zu erforschen. Es gibt eine Reihe von tollen Apps, E-Reader-Büchern und CDs/Audiodateien, mit denen Achtsamkeitsmeditation Spaß macht und die Fantasie anregt. Probiere Apps wie *Headspace for Kids, Stop, Breathe & Think* und *Mindfulness for Children aus*. Sie enthalten zahlreiche Aktivitäten von kurzer und langer Dauer mit bestimmten Zielen - darunter auch Stressabbau.

- **Bringe deinem Kind bei, Probleme zu lösen**.

Du kannst Sherlock Holmes sein und dein Kind Watson oder umgekehrt, wenn es um das Lösen von Problemen geht. Zeige ihnen, wie viel Spaß dieser Prozess machen kann und bitte sie zu beobachten, wie gute Problemlöser/innen oft die Belohnungen oder Ergebnisse erhalten, nach denen sie sich sehnen. Bringe ihnen die fünf entscheidenden Schritte bei, die sie befolgen müssen:

1. Benenne das Problem klar und deutlich - zum Beispiel: "Lara nimmt immer mein Spielzeug, aber sie teilt ihres nicht."
2. Denkt euch gemeinsam Lösungen aus: "Wie wäre es, wenn wir ein Austauschprogramm machen, bei dem sie mit einem deiner Spielsachen spielen kann, wenn sie dich mit einem ihrer Spielsachen spielen lässt?"
3. Überlege dir die Vor- und Nachteile jeder der von dir vorgeschlagenen Lösungen.
4. Beginne damit, deinen Plan in die Tat umzusetzen.
5. Sprich später darüber und analysiere, inwieweit die Lösung funktioniert hat oder nicht.

Wenn du ein Problem löst, gibst du nicht die Lösung vor, sondern überlässt deinem Kind die Verantwortung, damit es sich stärker in die Pflicht genommen fühlt. Wenn du Probleme hast und sie mit deinem Kind teilen kannst, frage es um Rat, damit es sich als kompetenter Problemlöser fühlt.

- **Passe deine Problemlösungssitzungen an das Alter deines Kindes an.**

Je nach Alter deines Kindes solltest du unterschiedliche Ziele verfolgen, wenn es um Problemlösungen geht. Wenn du zum Beispiel Kinder im Alter von drei bis fünf Jahren hast, solltest du ihnen helfen, ihre Gefühle zu benennen und zu verarbeiten, wenn sie sich aufregen, und mit kreativen Spielen, Geschichten und ähnlichem versuchen, gemeinsam Probleme zu lösen. Kinder im Alter von fünf bis sieben Jahren können anfangen, sich mehr Fragen zu stellen, z. B. "Welche Gefühle habe ich?", "Was ist das Problem?", "Welche Lösungen gibt es?", "Was würde passieren, wenn ich...?" und "Welche Lösung sollte ich wählen?". Kinder im Alter von sieben bis neun Jahren können noch ein bisschen weiter gehen, indem sie zum Beispiel große Probleme in kleinere unterteilen. Ältere Kinder können an kreativen Problemlösungssitzungen teilnehmen, Schach spielen und Programmieren lernen. Sie könnten auch Spaß daran haben, an Gruppenproblemlösungsaufgaben und -spielen teilzunehmen.

- **Vermeide es, dein Kind zu beschämen.**

Der Boom der sozialen Medien hat unzählige Fälle hervorgebracht, in denen Eltern ihre Kinder für "schlechtes Verhalten" beschämt haben. Beschäme dein Kind niemals (privat oder öffentlich), denn das kann langfristige Auswirkungen auf eure Beziehung und sein Selbstwertgefühl haben.

Halte das Vertrauen aufrecht, indem du anderen niemals peinliche Geschichten über dein Kind erzählst, private Gespräche weitergibst oder einem Kind absichtlich das Gefühl gibst, nutzlos oder anderweitig unzulänglich zu sein. Wenn du unwissentlich private Informationen über dein Kind weitergegeben hast, entschuldige dich, verpflichte dich, es nicht wieder zu tun, und lass deinen Worten auch Taten folgen. Beispiele für beschämende Aussagen sind: "Du bist genauso schlimm wie dein Vater!", "Ich habe dich so satt!" und "Wie dumm musst du sein, um das zu tun, was du getan hast?" Es ist leicht zu erkennen, wie schmerzhaft diese Worte sein können.

- **Hebe das Urteil auf.**

Effektiv mit anderen zu kommunizieren bedeutet nicht, dass du ihre Grundüberzeugungen und Werte teilen musst. Allerdings musst du den Drang, sie zu beschuldigen oder zu verurteilen, beiseite lassen. Selbst eine schwierige Situation kann zu einem positiven Ergebnis führen und ein Gefühl der Verbundenheit zwischen zwei Menschen schaffen, die sehr unterschiedliche Überzeugungen haben.

- **Entwickle eine positive Denkweise.**

Optimismus ist eine Eigenschaft, die deinem Kind helfen wird, viele der schwierigsten Herausforderungen des Lebens zu meistern. Versuche, den Optimismus zu fördern, indem du die täglichen Erlebnisse auf positive Weise interpretierst. Kinder können mit ihrem eigenen Leben zufriedener sein, wenn sie lernen, sich realistische Ziele zu setzen und Zeit mit Dingen zu verbringen, die ihnen Spaß machen und in denen sie gut sind. Gib ihnen die Möglichkeit, einem oder mehreren außerschulischen Vereinen und Aktivitäten beizutreten, wenn sie daran Interesse zeigen.

Du solltest sie auch ermutigen, neue Dinge auszuprobieren, damit sie ein Gefühl der Neugierde entwickeln. Lege dieses Verhalten an den Tag, indem du "Ja" zu neuen Erfahrungen sagst und dein Interesse zeigst, wenn sie von einem neuen Thema oder einer neuen Aktivität begeistert sind.

Schließlich solltest du Dankbarkeit vorleben. So können sich Kinder mit dem zufriedengeben, was sie haben, und es wird sie auch dazu ermutigen, toleranter gegenüber Menschen und Situationen zu sein. Bitte die

Kinder, dir von den Höhepunkten ihres Tages zu erzählen und sei genauso interessiert an den Erlebnissen, die sie traurig oder wütend gemacht haben. Schärfe ihr Einfühlungsvermögen, indem du versuchst, ihnen zu helfen, die Ansichten anderer Menschen zu verstehen.

- **Hilf deinem Kind, Unterstützung zu finden.**

Deine Kinder sollten wissen, dass sie immer auf dich zählen können, wenn sie sich schlecht fühlen oder wenn sie über etwas reden müssen, das in der Schule oder beim Spielen passiert ist. Aber sie sollten sich auch auf andere verlassen können. Lass sie wissen, an wen sie sich in der Schule (z. B. an einen Lehrer oder Berater) und im Privatleben wenden können. Vielleicht steht ihnen ein Großelternteil oder eine Tante nahe und sie sollten sich frei fühlen, Familienmitglieder zu kontaktieren und anzusprechen, wenn sie das Gefühl haben, mit jemandem zu sprechen, der eine neue Perspektive hat.

- **Bringe deinem Kind bei, aus negativen Umständen positive Lehren zu ziehen.**

Kinder zu ermutigen, dem Leben positiv gegenüberzustehen, kann ihnen helfen, als Erwachsene glücklicher und gesünder zu werden. Ihnen beizubringen, auch negative Erfahrungen anzunehmen, ist hilfreich, denn Herausforderungen bieten eine wichtige Gelegenheit, Lektionen zu lernen und Fähigkeiten zu erwerben. Wenn du merkst, dass dein Kind verärgert ist, frag es, was los ist. Hilf ihm, seine Gefühle zu benennen und gemeinsam nach Lösungen für das Problem zu suchen. Manchmal wollen deine Kinder einfach nur jemanden, der ihnen zuhört.

- **Bringe deinem Kind bei, widerstandsfähig zu sein.**

Zeig deinen Kindern, wie sie mit Problemen ruhig umgehen können, indem du mit gutem Beispiel vorangehst, wenn du angespannt bist. Lass sie ihre ängstlichen Gefühle ausdrücken und gib ihnen kleine Strategien zum Ausprobieren, wenn sie etwas Beruhigung brauchen. Lobe sie dafür, dass sie sich ihren Ängsten stellen und mit neuen Strategien experimentieren. Ein einfaches "Ich glaube an dich" wird ihre Ängste besänftigen und ihnen helfen, ihre Probleme zu lösen und den täglichen Stress des Lebens zu bewältigen.

TIPPS FÜR DIE KOMMUNIKATION, WENN DU BEREITS IN DER HITZE DES GEFECHTS STECKST

Manchmal können Konflikte schnell eskalieren und du und dein Kind findet euch mitten in einem hitzigen Moment wieder. Wenn das der Fall ist, solltest du die folgenden Punkte beachten, um Stress und Spannungen abzubauen und zu einer Phase zurückzukehren, in der du Problemlösungs- und weitere lösungsorientierte Techniken anwenden kannst:

- **Sprich ruhig und höre zu.**

Sprich klar und deutlich und überprüfe, ob dein Kind dich verstanden hat. Denke daran, innezuhalten und auch offen zuzuhören, was es zu sagen hat.

- **Sei logisch.**

Kinder (vor allem kleine Kinder) haben es nicht darauf abgesehen, dich aus der Fassung zu bringen. Sie sind nicht darauf aus, dich zu "kriegen". Behalte das im Hinterkopf, auch wenn es scheint, dass dein Kind dich absichtlich provozieren will.

- **Mach keine Verallgemeinerungen.**

Vermeide Sätze, die die Worte "Du hast immer..." oder "Du hast nie..." verwenden, denn das kann dein Kind in die Defensive bringen. Außerdem werden dadurch die Handlungen des Kindes nicht von seiner Identität getrennt und es handelt sich um eine Art Etikettierung.

- **Erkenne die Anzeichen für einen bevorstehenden Sturm.**

Erkenne die Empfindungen, die du hast, wenn du wütend bist. Häufige Anzeichen sind ein rasender Herzschlag, schnelles Atmen, Zähne zusammenbeißen und vieles mehr. Während dieser Zeit solltest du schnell handeln. Zähle bis 10, bevor du sprichst, und atme dabei. Finde heraus, warum du so wütend bist und versuche, dich zu beruhigen, indem du daran denkst, dass ihr beide hier seid, um ein Problem zu lösen. Wenn du immer noch kurz davor bist, zu explodieren, verlasse den Raum, bis du dich beruhigt hast. Lass dein Kind wissen, dass du eine kleine Pause brauchst, aber dass du zurückkommen wirst, um die Dinge zu besprechen, wenn du dein Bestes geben kannst.

- **Verwende die "Ich"- statt der "Du"-Sprache.**

Es ist leicht zu erkennen, wie die Verwendung des Wortes "du" eine Aussage wie eine Anschuldigung klingen lassen kann. Es ist zum Beispiel ein deutlicher Unterschied, ob du sagst: "Du machst mich wahnsinnig, wenn du deine Spielsachen auf dem Boden liegen lässt", oder ob du sagst: "Ich habe das Gefühl, dass ich nicht geschätzt werde, wenn ich Spielsachen auf dem Boden liegen sehe und von mir erwartet wird, dass ich sie aufhebe". Die erste Aussage scheint ein Angriff zu sein, während die zweite eine Bitte um Verständnis ist.

- **Werde nicht defensiv.**

Dein Kind kritisiert dich vielleicht, sagt dir, dass es dich nicht leiden kann, oder benutzt andere verletzende Worte. Wenn sie das tun, dann meist, weil sie verletzt sind und wollen, dass du ihren Schmerz verstehst. Hilf deinem Kind, die Grundlagen der Emotionsregulierung zu erlernen. Versuche herauszufinden, was sie wirklich bedrückt, indem du ruhig nachfragst, bis du zum Kern der Sache kommst.

- **Nutze Humor, um hitzige Situationen zu entschärfen.**

Warst du schon einmal mitten in einem hitzigen Streit, als jemand etwas sagte oder ein lustiges Geräusch machte und ihr beide euch anschaut und in Gelächter ausbrecht? Humor ist ein wirksames Mittel, um Spannungen im Handumdrehen abzubauen. Sobald ihr euch amüsiert habt, könnt ihr Aktivitäten wie Ringen oder eine Kissenschlacht ausprobieren. Nutze den Humor nicht, um dein Kind zu necken oder Witze auf seine Kosten zu machen. Lachen soll vereinen, nicht trennen.

- **Wähle die richtige Zeit und den richtigen Ort.**

Konfrontiere dein Kind nicht mit einem Problem, wenn du bereits gestresst oder müde von einem langen Arbeitstag bist. Nimm dir mindestens 10 bis 15 Minuten Zeit, um dich zu entspannen, wenn du nach Hause kommst. Beruhige dich und tu etwas, das dir Spaß macht, und versuche dann, das Problem anzugehen.

KLARE GRENZEN SETZEN

Es ist viel einfacher, zu Hause einen respektvollen Umgangston aufrechtzuerhalten, wenn die Grenzen und eure jeweiligen Rollen in der Situation (und im Gespräch) klar sind. Kinder sind neugierige Wesen, die ihre eigenen (und deine) Grenzen noch nicht kennen und vielleicht versuchen, sie auszutesten. Um deinem Kind klare Grenzen zu setzen, solltest du die folgenden Strategien anwenden:

- **Sei vertrauenswürdig.**

Denk an die Zeit zurück, als du als Kind gelernt hast, Fahrrad zu fahren. Vielleicht erinnerst du dich daran, wie deine Mutter oder dein Vater dein Fahrrad hinten festhielt, während du neben ihnen gingst oder liefst und sie langsam immer länger losließen, als du an Selbstvertrauen gewannst und das Tempo erhöhtest. Du wusstest damals, dass sie niemals fallen würden; dass sie ein Puffer zwischen dir und der Straße sein würden. Der Aufbau von Vertrauen geschieht immer auf diese Weise. Er erfolgt schrittweise und erfordert verschiedene kleine "Tests", bis er etabliert ist. Es gibt bestimmte Strategien, die du anwenden kannst (Carrero, n.d.), um das Vertrauen deines Kindes in dich aufzubauen:

- **Halte deine Versprechen ein.**

Wenn du deinem Kind versprochen hast, an seinem großen Tag eine Geburtstagsparty zu veranstalten, dann halte dich daran, auch wenn du keine Lust auf Partys hast. Wenn du ihm versprochen hast, es am Samstag mit einem Mittagessen in seinem Lieblings-Burgerrestaurant zu belohnen, dann geh mit ihm hin. Wenn du versprochen hast, sie zu einer bestimmten Zeit bei einem Freund abzuholen, dann sei pünktlich da. Das Einhalten von (großen und kleinen) Versprechen ist ein wichtiger Weg, um deinem Kind zu zeigen, dass dir seine Gefühle wichtig sind und du es nicht im Stich lassen wirst.

- **Zeige den Respekt, den du erhalten möchtest.**

Wenn du willst, dass deine Kinder dir vertrauen, dann respektiere sie immer. Lobe ihre Bemühungen und respektiere ihren Wunsch nach Unabhängigkeit. Dein Kind sollte nie befürchten, dass du es beschämst oder abstempelst, sonst entwickelt es eine Abwehrhaltung, wenn es mit dir zu tun hat.

- **Sei ehrlich zu deinen Kindern.**

Die meisten Menschen würden zustimmen, dass es unmöglich ist, einem Lügner zu vertrauen. Lass dich von deinen Kindern nicht dabei erwischen, wie du zu Unwahrheiten greifst. Sogenannte "harmlose Lügen" werden manchmal erzählt, um das Gesicht zu wahren, aber in Wirklichkeit können sie durch durchsetzungsfähige Kommunikationstechniken immer durch die Wahrheit ersetzt werden.

- **Hör auf dein Kind.**

Wir haben Beispiele für Techniken gegeben, die du anwenden kannst, wenn dein Kind versucht, mit dir zu kommunizieren. Noch einmal: Es ist für jeden Menschen sehr schwer, einem anderen zu vertrauen, der ihn nicht genug schätzt, um seine wichtigen Gefühle und Gedanken zu hören.

- **Sei konsequent.**

Es lohnt sich nicht, an einem Tag freundlich und liebevoll zu sein, wenn du am nächsten Tag explodierst und dein Kind anschreist. Stabilität und Beständigkeit sind die Markenzeichen vertrauenswürdiger Menschen. Die Menschen wissen, woran sie mit ihnen sind. Sie haben keine Angst, dass die Person sie plötzlich ohne ersichtlichen Grund angreift, bestraft oder verbal erniedrigt. Niemand ist perfekt und auch du kannst mal einen schlechten Tag haben, aber wenn dein Kind dir vertraut, wird es wissen, dass der Elternteil, den es kennt und liebt, schon bald wieder der Beste sein wird - und das wird passieren, weil es dir bereits vertraut.

- **Unterteile große Ziele in kleinere.**

Deine Eltern haben dich nicht einfach in den Pool geworfen und dir gesagt, dass du schwimmen sollst. Sie haben dich mit einer Schwimmweste und/oder Schwimmflügeln ausgestattet, dir beigebracht, wie man mit den Beinen strampelt und Blasen unter Wasser macht, und dich dann ermutigt, kurze (und dann immer längere) Strecken zu schwimmen, während sie auf der anderen Seite des Beckens mit offenen Armen auf dich warteten. Wenn man Kindern zu große Ziele setzt, können sie sich überfordert fühlen und es als unfair empfinden oder sich unzulänglich fühlen. Indem du ihnen eine Reihe kleiner, erreichbarer Ziele gibst und ihr Sicherheitsnetz bist, lernen sie, nach den Sternen zu greifen und wissen, dass du sie nie fallen lässt.

- **Denke daran, dass weniger mehr ist.**

Es gibt ein Sprichwort, das besagt: "Fünf Regeln, die zu 100 % eingehalten werden, sind besser als 20 Regeln, die nur unregelmäßig befolgt werden." Wenn es um Kinder geht, solltest du dieses Sprichwort mit besonderer Vorsicht anwenden, da es einem Kind viel schwerer fallen kann, sich zu konzentrieren als einem Erwachsenen. Um die Aufmerksamkeitsspanne eines Kindes zu messen, multipliziere sein Alter mit zwei oder drei. Ein sechsjähriges Kind kann sich zum Beispiel etwa 12 Minuten lang konzentrieren (British Council, n.d.). Du solltest die Gespräche kurz und bündig halten und die Ziele einfach und klar formulieren, damit dein Kind sich nicht so überfordert oder gelangweilt fühlt, dass es "abschweift".

- **Sei präzise.**

Dein Kind braucht klare Anweisungen (Peterson, n.d.). Wenn du verwirrt bist, verwirrt und frustriert es das Kind. Um klar zu kommunizieren, musst du wissen, was du sagen willst, bereit sein, aktiv zuzuhören (mit dem Herzen, nicht nur mit den Ohren) und dir deiner eigenen Erfahrungen bewusst sein. Wie oft hast du dir gesagt, dass du nie etwas tun würdest, was dir ein Elternteil angetan hat (z. B. schreien, schimpfen oder die Stimme erheben)? Behalte diese Erinnerungen im Hinterkopf und versuche, vergangene Fehler nicht zu wiederholen.

- **Beziehe die Kinder in die Grenzziehung mit ein.**

Wenn Kinder klein sind, ist es einfach, Grenzen zu setzen, weil es sich dabei in der Regel um eine kleine und grundlegende Reihe von Regeln handelt - zum Beispiel kannst du einem Kleinkind sagen, dass es nicht schlagen, beißen oder in den Körperraum anderer eindringen darf. Wenn sie älter werden, können Grenzen jedoch komplexer werden und das Verständnis für die Rechte, Bedürfnisse und Wünsche anderer erfordert höhere Fähigkeiten wie Empathie. Letzteres ist eine Eigenschaft, die man lernen kann, und das beste "Klassenzimmer" dafür ist das echte Leben.

Wenn du auf einem Spielplatz bist und dein Kind einem anderen Kind ein Spielzeug aus der Hand reißt, fängt das Kind vielleicht an zu weinen. Das ist der perfekte Moment, um einzugreifen und dein Kind zu fragen: "Was glaubst du, wie sich Maria fühlt, wenn du ihr das Spielzeug wegziehst? Meinst du, es wäre besser, sie das nächste Mal zum Teilen aufzufordern, anstatt ihr das Spielzeug aus der Hand zu nehmen?" Du kannst die Situation auch nutzen, um deinem Kind die Grundlagen der Empathie beizubringen. Du könntest zum Beispiel fragen: "Würde es dir gefallen, wenn Maria dir den Eimer und die Schaufel aus der Hand nimmt?" Wenn du diese Fragen stellst, solltest du das nicht in einem wütenden oder verärgerten Tonfall tun. Dein Kind sollte sie als authentische Fragen sehen, hoffentlich Antworten geben und versprechen, die Handlung nicht zu wiederholen. Wenn du es sanft aufforderst, kann es lernen, sich bei dem Kind zu entschuldigen, dessen Spielzeug es genommen hat.

In ruhigen Momenten kannst du die Gelegenheit nutzen, um über ein paar Grenzen zu sprechen, die alle Menschen haben. Zum Beispiel ist es nicht in Ordnung, andere zu berühren, wenn sie nicht berührt werden wollen, grobe Spiele (wie Kissenschlachten) sind nur dann in Ordnung, wenn zwei Personen sie spielen wollen und niemand mag es, wenn man ihn beim Reden unterbricht.

Ermutige deine Kinder dazu, ihre eigenen Grenzen zu setzen und auszudrücken. Wenn sie nicht gerne von anderen Kindern umarmt werden, frag sie: "Wie kannst du Sam wissen lassen, dass du nicht umarmt werden möchtest?" Wenn dein Kind dir seine Grenzen aufzeigt, respektiere sie. Zwinge sie nicht, Freunde der Familie zu küssen oder zu umarmen, wenn sie sich dabei unwohl fühlen.

Sorge dafür, dass deine Kinder Freunde mit unterschiedlichem Hintergrund haben. So lernen sie, dass Grenzen und Abgrenzungen von Kultur zu Kultur unterschiedlich sein können und dass man sie respektieren sollte, auch wenn sie sich von den eigenen Grenzen unterscheiden. Freunde zu haben, die anders sind als man selbst, kann auch dazu beitragen, dass man sich "entspannt" und lernt, die wesentlichen Dinge des Lebens wie Vertrauen, Freundschaft und Lachen zu schätzen.

Da du der Spiegel bist, in dem Kinder sich selbst sehen, solltest du mit gutem Beispiel vorangehen, indem du Grenzen respektierst und deine eigenen täglich verteidigst. Wenn sich zum Beispiel jemand im Supermarkt an dir vorbeidrängen will, kannst du sagen: "Tut mir leid, aber ich war der Nächste in der Schlange. Ich stehe schon seit ein paar Minuten hinter diesem Herrn." Dein Kind wird bemerken, wie du andere respektierst (selbst in einer unerwünschten Situation, während du höflich für deine eigenen Rechte eintrittst), und es wird in sozialen Situationen genauso vorsichtig mit anderen umgehen.

- **Setze einen Vertrag auf.**

Alle Verträge haben Vorteile für alle Parteien, die sie unterschreiben, und das sollte auch dein Vertrag mit deinem Kind. Ein Vertrag ist vorteilhaft, weil er die Erwartungen und Belohnungen klar festlegt und im Falle von Unklarheiten herangezogen werden kann. Im Rahmen des Vertrags muss dein Kind bestimmte Verpflichtungen erfüllen (z. B. in Bezug auf Schularbeiten, Sicherheit, Befolgung von Anweisungen, Verantwortung und Hausarbeit sowie Umgang mit Emotionen). Wenn dein Kind diese Verpflichtungen erfüllt, kann es Punkte erhalten, die es zu einer Belohnung berechtigen, auf die ihr euch beide einigt.

Behalte beim Aufsetzen des Vertrags die Kontrolle, damit die Belohnungen angemessen sind. Es sollte nicht so viele Klauseln geben, dass der Vertrag verwirrend wird. Wähle die Bereiche aus, auf die du dich am meisten konzentrieren möchtest, und sei fair bei der Anzahl der Aufgaben, die die Kinder erledigen müssen. Die Aufgaben, die du auflistest, sollten altersgerecht sein. Ein achtjähriges Kind kann zum Beispiel aufgefordert werden, grundlegende Aufgaben zu erledigen (z. B. aufzuräumen, den Eltern am Wochenende beim Kochen zu helfen und das Bett zu machen), während ein 13-jähriges Kind aufgefordert werden kann, die Zeit, die es mit elektronischen Geräten verbringt, einzuschränken, die Hausaufgaben rechtzeitig zu erledigen und den Hund zu füttern.

- **Poste die Regeln.**

Denk daran, den Vertrag an einem Ort auszuhängen, der für dich und deine Kinder leicht zugänglich ist. So könnt ihr ihn im Zweifelsfall einsehen, um Verwirrung zu vermeiden.

- **Erkenne angemessenes Verhalten.**

Lobe dein Kind häufig, wenn es eine Pflicht erfüllt oder sich so verhält, wie es in eurem Vertrag festgelegt ist. Erinnere es daran, dass es seine Sache gut macht und auf dem besten Weg ist, seine Ziele zu erreichen.

- **Vermeide es, Kinder als "gut" und "schlecht" zu bezeichnen.**

In Kapitel zwei haben wir die Auswirkungen aufgezeigt, die Etikettierung auf Eltern und Kinder haben kann. Wenn du dein Kind als "schlecht" abstempelst, wenn es etwas tut oder sagt, wird seine Identität an einen flüchtigen Moment gebunden. Ein schlechter Tag definiert deine Kinder nicht. Wenn du ein Kind als "gut" bezeichnest, kann das viel Druck auf das Kind ausüben, damit es sich deinen hohen Standards anpasst. Das kann auch dazu führen, dass ein Kind seine Gefühle unterdrückt, was auf lange Sicht seiner Persönlichkeitsentwicklung schadet.

- **Vergleiche deine Kinder nicht mit anderen.**

Eines der schmerzhaftesten Dinge, die du deinem Kind antun kannst, ist es, es mit seinen Klassenkameraden und Freunden zu vergleichen, denn das kann sein Selbstwertgefühl stark beeinträchtigen und ihm das Gefühl geben, nur zweitklassig zu sein. Lass sie wissen, dass es viele verschiedene Arten von Intelligenz, Fähigkeiten und Talenten gibt und dass jeder ein Stern ist, der im Universum leuchtet. Wenn sie Klavier spielen, gut schreiben oder zeichnen können, gib ihnen das nötige Rüstzeug, um ihren Talenten oder Hobbys nachzugehen, aber knüpfe ihr Selbstwertgefühl nicht an Noten, Fähigkeiten oder Talente. Das kann ihnen die Freude an etwas nehmen, das sie lieben, und es zu einer lästigen Pflicht oder sogar zu einer Quelle der Rebellion gegen das machen, was sie als deinen Versuch, sie zu kontrollieren, empfinden könnten.

- **Untergrabe niemals den anderen Elternteil.**

Wenn du deinen Partner anschreist, beschimpfst oder verachtest, saugen deine Kinder das alles auf wie ein Schwamm. Betrachte Kinder als natürliche "Heuchlerjäger". Du kannst nicht erwarten, dass sie einfühlsam, sensibel und sanft sind, wenn du diese Verhaltensweisen nicht auch deinem eigenen Partner gegenüber an den Tag legst.

Dein Verhalten könnte auch auf eine elterliche Entfremdung hinauslaufen. Das passiert, wenn ein Elternteil den anderen Elternteil schlecht macht, die Zeit, die er mit den Kindern verbringt, einschränkt oder andeutet, dass der andere Elternteil schlecht, ängstlich oder unehrlich ist.

Eltern, die andere entfremden, nutzen oft die "Guter Bulle, böser Bulle"-Taktik, um ihren Kindern auf Kosten des anderen Elternteils näherzukommen. Wir haben viele Strategien genannt, die du anwenden kannst, um deine Gefühle zu regulieren und deinen Kindern zu helfen, mit ihren Gefühlen umzugehen.

Ein Beispiel für eine sehr subtile (aber dennoch schädliche) elterliche Entfremdung ist folgendes: Dein Ehepartner, Henry, arbeitet von zu Hause aus und hat einen Schreibtischbereich im Wohnzimmer, wo alle Kinder spielen. Henry muss einen wichtigen Bericht fertigstellen und bittet die Kinder, etwas ruhiger zu spielen. Du sagst: "Komm schon, Henry, es sind Kinder. Es ist normal, dass sie Lärm machen." Als Harry wiederholt, dass er bei dem Lärm nicht arbeiten kann, sagst du seufzend: "Ach, Kinder, lasst uns in den Garten gehen und auf der Schaukel spielen. Wir können später wieder Spaß haben, wenn Papa mit der Arbeit fertig ist." Mit dieser Aussage schiebst du Henry die Schuld in die Schuhe und lässt ihn als Spielverderber dastehen, obwohl das, was er verlangt, nicht nur vernünftig ist, sondern auch eine notwendige Arbeitspflicht darstellt.

Ein Kind, das es gewohnt ist, Partei zu ergreifen und Teil von Dreiecksbeziehungen zu sein, wird es schwerer haben, erfolgreiche Beziehungen zu führen. Sie erfinden vielleicht "Bösewichte", die es gar nicht gibt, oder versuchen einer Person näher zu kommen, indem sie ein "Bündnis" gegen eine andere Person eingehen. Um deinen Kindern zu helfen, gesunde, glückliche und ausgeglichene Erwachsene zu werden, solltest du ihnen die Kraft der Einheit vermitteln und Spaltungen und toxische Dreiecksbeziehungen vermeiden.

Um sicherzustellen, dass du und dein/e Partner/in auf der gleichen Wellenlänge seid, solltet ihr euch treffen und über eure Kinder sprechen, um Sorgen, erfolgreiche Strategien und lustige Geschichten auszutauschen. Kinder sind eine nie versiegende Quelle der Freude. Wenn du also besondere Momente mit ihnen erlebst, solltest du deinem Partner danach davon erzählen. Je stärker die Bindung deines Kindes zu euch beiden ist, desto wahrscheinlicher ist es, dass es sich auf dem Fahrrad sicher fühlt, weil einer oder beide von euch immer da sein werden, um es aufzufangen, wenn es stürzt.

DEIN KIND WIRD DEINE ENERGIE SPIEGELN

Es mag schwer zu glauben sein, dass dich jemand so sehr bewundern kann, aber es ist wahr - du bist das "Alles" deines Kindes. In einer Umfrage aus dem Jahr 2018 (Explore Learning, 2018) wurden Kinder gefragt, wer ihr größter Held ist. 39 % der Mädchen antworteten, dass es ihre Mama ist, gefolgt von ihrem Papa (17 %). Etwa 30 % der Jungen sahen ihren Papa als das am meisten bewunderte Wesen an, dicht gefolgt von der Mutter mit 29 %. Weil Kinder dich auf Schritt und Tritt vergöttern, verhalten sie sich so, wie du dich verhältst, und das tun sie so lange, wie du es zulässt.

DEIN KIND IST DEIN PERFEKTER SPIEGEL

Kinder beobachten und nehmen alles wahr, was ihre Eltern tun (Akers, 2020). Sie lernen alles von dir: wie sie ihre Bedürfnisse durchsetzen, ihre Gefühle ausdrücken, ihre Freizeit verbringen, mit anderen in Kontakt treten und mit der natürlichen Welt um sie herum interagieren. Wenn sie etwas sagen, das dich vor Lachen erbeben lässt, spiegeln sie deinen Sinn für Humor wider. Wenn sie eine natürliche Neugierde für Tiere, Pflanzen und Blumen an den Tag legen, dann liegt das daran, dass sie von deiner Neugier und Liebe zur Natur inspiriert sind. Wenn sie den Hund oder die Katze eines Freundes sanft streicheln, liegt das wahrscheinlich daran, dass sie gesehen haben, wie liebevoll, vorsichtig und respektvoll du mit Tieren umgehst.

Du kannst nicht die Lorbeeren für das Gute einheimsen und die Dinge meiden, die dir an deinem Kind nicht gefallen. Es hält dir nur einen Spiegel vor - und nicht alles, was du siehst, muss dir gefallen. Wenn es sich "schlecht" verhält, z. B. seine Stimme erhebt, die Tür hinter sich zuschlägt oder sich eine kleine Beleidigung oder ein abfälliges Wort entgehen lässt ("Du hast das Puzzle kaputt gemacht, Dummkopf!"), dann kommt das auch von dir. Sei aber nicht zu hart zu dir selbst, denn du hältst auch einen Spiegel in der Hand - darin spiegeln sich deine eigenen Eltern.

Einer der aufschlussreichsten Tage in deinem Leben als Elternteil ist vielleicht der Tag, an dem du deinem Kind sagst, es solle etwas nicht tun, und es dir mit den Worten antwortet: "Na ja, das machst du aber auch so." Wie kannst du ein Kind ernsthaft bitten, seinem Geschwisterkind nicht zu sagen, es solle "die Klappe halten", wenn du nur wenige Stunden zuvor deinen beiden Kindern gesagt hast, dass sie genau das tun sollen, als sie für deinen Geschmack etwas zu laut wurden?

DIE GEHIRNE VON KINDERN ENTWICKELN SICH NOCH

Die Tatsache, dass Kinder ein Spiegel sind, ist sowohl eine Herausforderung als auch ein Geschenk. Es ist eine Herausforderung, weil es uns dazu bringt, die Auswirkungen unseres Verhaltens auf andere wahrzunehmen, und ein Geschenk, weil Kinder formbar sind. Sie haben Zeit, sich zu ändern - das Gehirn eines Kindes ist erst mit 23 Jahren voll entwickelt. Wenn dein siebenjähriges Kind oder dein Kind im Vorschulalter ein echter Kracher zu sein scheint, der sich nicht zähmen lässt, solltest du an dir arbeiten. So kannst du in Zukunft ein besserer Ratgeber für dein Kind sein. Überstürze nichts. Sie haben noch so viel Zeit, um von dir zu lernen.

KINDER NEHMEN DEINEN STRESS AUF

Kinder befinden sich zwar noch in der Entwicklung, aber sie sind auch sehr aufmerksam. Sie merken zum Beispiel, wenn du deine Gefühle unterdrückst. Wenn du denkst, dass du dich "gut verhältst", überträgst du deinen Stress vielleicht auf sie. Eine Studie von Forschern der Washington State University (Waters et al., 2020) ergab, dass unterdrückte Emotionen mit weniger Wärme und Engagement zwischen Eltern und Kindern verbunden sind. Wenn du dich ängstlich oder besorgt fühlst, solltest du nicht sagen: "Mir geht es gut", denn dadurch bist du für dein Kind weniger zugänglich. Die Forscherinnen und Forscher stellten fest, dass Kinder es als beruhigender empfinden, wenn Eltern ihre Gefühle bestätigen, anstatt sofort einzugreifen und ihre Probleme zu lösen. Eltern sollten ihren Kindern erlauben, ihre eigenen Emotionen zu regulieren, während sie sich selbst erlauben sollten, manchmal frustriert und emotional zu sein.

KINDER BRAUCHEN GRENZEN

Manche Eltern empfinden die Vor-Teenager- und frühen Teenagerjahre als besonders herausfordernd, weil Kinder in dieser Zeit ihre Grenzen austesten können. Während sie nach Unabhängigkeit streben, experimentieren Kinder mit Frisuren, Mode, Musikgeschmack und anderen Ausdrucksmöglichkeiten. Genieße diese Momente, denn die Entscheidungen deines Kindes zeigen, dass sie etwas ganz Eigenes sind - etwas, das nicht nur von dir beeinflusst wird. Auch wenn du zugibst, dass deine Kinder dabei sind, ihre Identität zu definieren und zu entwickeln, solltest du wissen, dass sie dich brauchen (und erwarten), dass du ihnen Grenzen setzt.

GRENZEN UND ERZIEHUNGSSTILE

Eine Forschergruppe unter der Leitung von Akademikern aus Japan führte eine Studie durch (Kobe University, 2016), um herauszufinden, inwieweit Erziehungsstile das Glück von Kindern beeinflussen. Die Wissenschaftler unterteilten den Erziehungsstil in sechs Kategorien:

- Unterstützend - ein Erziehungsstil, der den Kindern viel positive Aufmerksamkeit, ein hohes Maß an Vertrauen und viel Zeit schenkt.
- Streng: Dieser Erziehungsstil zeigt ein mittleres bis hohes Interesse an den Kindern, aber ein geringes Maß an Unabhängigkeit. Das Vertrauen ist mittel bis hoch, und das Kind muss viele Regeln befolgen.

- Nachsichtig - diese Eltern sind nachsichtig, verbringen durchschnittlich viel oder mehr Zeit mit ihren Kindern und vertrauen ihren Kindern bedingungslos.
- Easygoing: Dieser Stil ist ebenfalls nachsichtig, aber er beinhaltet ein geringes Interesse an den Kindern und wenig gemeinsame Zeit.
- Streng - ein Stil, der Strenge, wenig Vertrauen in das Kind und wenig Selbstständigkeit mit sich bringt.
- Durchschnitt - ein Stil, bei dem die wichtigsten Faktoren gemittelt werden.

Die Forscher fanden heraus, dass Kinder von "unterstützenden" Eltern eher akademischen Erfolg haben, besser bezahlte Jobs haben und glücklich sind. Kinder von "strengen" Eltern hatten zwar auch materiellen und akademischen Erfolg, waren aber unglücklicher und zeigten ein höheres Stressniveau. Die Studie zeigt, wie wichtig es ist, unterstützend und liebevoll zu sein. Regeln sind ein wichtiger Teil der Kommunikation, aber Kinder sollten ein gutes Gleichgewicht zwischen Erwartungen und Unabhängigkeit haben. Wenn du Grenzen setzt, erinnere deine Kinder daran, dass ihr ein Team seid und dass jeder seinen Beitrag leisten muss, um gemeinsame und individuelle Ziele zu erreichen.

Die Idee, dass faire Regeln positiv sind, wird von anderen Studien gestützt. Eine davon (Slone & Shoshani, 2017) fand heraus, dass sogar Kinder, die extrem traumatische Ereignisse erlebt hatten, von warmen und autoritativen (im Gegensatz zu autoritären) Erziehungsstilen profitierten. Betrachte Disziplinierung und emotionale Unterstützung als das "Yin und Yang" einer guten Erziehung.

KINDER KÖNNEN DEINE ÄNGSTE WIDERSPIEGELN

Vielleicht spielt dein Kind an einem bestimmten Tag verrückt, weil es sich vor etwas fürchtet. Vielleicht hat es keine Angst vor typischen Dingen wie "dem Monster, das unter seinem Bett schläft", aber es hat große Angst davor, allein gelassen zu werden, Freunde in der Schule zu finden, Angst zu haben, schulische und sportliche Erwartungen zu erfüllen und vieles mehr. Diese Ängste werden noch verstärkt, wenn sie dich als unsichere, ängstliche Person sehen, der es an Wutbewältigung und Konfliktlösungsfähigkeiten mangelt. Studien haben zum Beispiel gezeigt (Muris et al., 1996), dass die Angst der Eltern eine wichtige Rolle bei der Modellierung der Angst der Kinder spielt.

Sorge dafür, dass sich deine Kinder in ihrer Umgebung sicher und geborgen fühlen, damit sie auf gesunde

Weise lernen, spielen und wachsen können. Wenn ein Kind schon früh Umständen ausgesetzt ist, die Angst und chronische Ängste auslösen, kann dies die richtige Entwicklung seines Gehirns stören und seine Fähigkeit, zu lernen, Probleme zu lösen und mit anderen zu interagieren, beeinträchtigen. Angst beeinflusst die Gehirnarchitektur von Lernen und Gedächtnis. Der präfrontale Kortex, der Gedanken, Gefühle und Handlungen reguliert, ist besonders anfällig für Gehirnchemikalien, die durch Stress produziert werden.

Angst beeinflusst auch die Amygdala (die emotionale Reaktionen auslöst) und den Hippocampus (der das Kurzzeitgedächtnis steuert). Ein hoher Cortisolspiegel (ein Stresshormon) beeinträchtigt das Wachstum und die Leistungsfähigkeit und wird, wenn er chronisch hoch ist, mit einer Reihe von Krankheiten in Verbindung gebracht, darunter Typ-2-Diabetes, Fettleibigkeit und Entzündungen.

Offene Kommunikation, Vertrauen und gute Zeit müssen vorhanden sein, damit dein Kind seine Ängste äußern und überwinden kann. Wenn dein Kind zum Beispiel in eine neue Schule kommt und Angst davor hat, Freunde zu finden, warum lernst du nicht andere Eltern in deiner Umgebung kennen, damit ihr Verabredungen zum Spielen organisieren könnt und dein Kind eine bessere Chance hat, sich anzupassen, sobald die Schule beginnt?

POSITIVE VERHALTENSWEISEN VORLEBEN

Wenn du willst, dass dein Kind gut lernt, dann frag dich, wann du das letzte Mal ein Buch in die Hand genommen hast, dich authentisch für ein Thema interessiert oder einen Kurs belegt hast. Wenn du von deinem Kind erwartest, dass es liest, du aber die meiste Zeit im Internet surfst, entwickelt es vielleicht kein Interesse an der Literatur.

Demonstriere deine grundlegenden Werte und Überzeugungen durch dein Verhalten. Wenn du zum Beispiel eine Tochter hast und möchtest, dass sie sich der Bedeutung von Frauenrechten und Gleichberechtigung bewusst ist, dann sorge dafür, dass es zu Hause gerecht zugeht - vor allem, wenn du einen Sohn hast. Jeder - unabhängig vom Geschlecht - sollte zu Hause Aufgaben und Pflichten haben. Wenn du Jungs hast, bring ihnen bei, wie man kocht und putzt. Nicht nur ihre Schwestern werden sich als Teil eines fairen Teams fühlen, sondern auch die zukünftigen Partnerinnen deiner Söhne werden das Gefühl haben, dass ihre Rechte, Wünsche und Bedürfnisse gebührend respektiert werden.

Andere positive Eigenschaften, von denen Kinder profitieren können, sind, sich selbst treu zu bleiben, sich mit Selbstachtung zu behandeln und selbstbewusst zu sein. Selbstachtung ist ein weit gefasstes Konzept und kann alles umfassen, von der gesunden Ernährung bis hin zu regelmäßigem Sport, gelegentlichen Pausen und Hobbys, die dich intellektuell anregen und motivieren. Selbstvertrauen kannst du zeigen, indem du für das eintrittst, woran du glaubst, und gleichzeitig respektvoll mit anderen sprichst. Das bedeutet nicht, dass du dich mit Leuten im Laden oder auf der Straße streiten musst. Es bedeutet einfach, dass du Entscheidungen triffst, die mit deiner Meinung und deinem Glauben übereinstimmen, und "Nein" sagst, wenn du glaubst, dass eine Bitte deine Grenzen überschreitet oder dir das Gefühl gibt, etwas zu tun, was du nicht willst.

Wenn du mit deinen Kindern interagierst, frage dich, was für ein Erwachsener du willst, dass sie werden. Dieser Erwachsene ist derjenige, der du sein musst. "Tu, was ich sage, nicht was ich tue" funktioniert einfach nicht. Außerdem kann es schwierig sein, jemanden zu respektieren, der hohe Anforderungen an dich stellt, aber selbst nicht bereit ist, sich daran zu halten. Ein nützlicher Vergleich ist der zwischen Chefs und ihren Mitarbeitern. Autoritäre Chefs, solche, die Mikromanagement betreiben, und solche, die von ihren

Angestellten erwarten, dass sie "über die Erwartungen hinaus" arbeiten, während sie sich selbst vor harter Arbeit drücken, werden oft nicht gemocht. Außerdem motivieren sie ihre Mitarbeiter/innen nicht dazu, ihr Bestes zu geben, da sie dazu neigen, alles Lob und alle Belohnungen zu ernten und ihr Team unterzubewerten. Ein großartiger Chef hingegen ist unterstützend, vertrauensvoll, dankbar und lobend gegenüber seinen Mitarbeitern. Vor allem aber geht er mit gutem Beispiel voran und ist die Art von Profi, die seine Mitarbeiter/innen anstreben. Versuche, diese Art von Führungskraft für dein Kind zu sein. Ihr Glück und ihr Wohlbefinden hängen davon ab.

KINDERN DANKBARKEIT BEIBRINGEN

"Dankbarkeit ist Reichtum, Klagen ist Armut", sagte die ikonische Hollywood-Schauspielerin Doris Day, und die Wissenschaft hat diese Behauptung seitdem immer wieder untermauert. Studien haben gezeigt (George Mason University, 2009), dass der Schlüssel zum Glücklichsein Dankbarkeit ist - eine Eigenschaft, die als Dankbarkeit und Freude definiert werden kann. Der Hauptautor der Studie, Todd Kashan, definierte die drei Elemente, die für Glück und Sinn im Leben wichtig sind. Sie lauten: "Bedeutungsvolle Beziehungen, Dankbarkeit und das Leben im gegenwärtigen Moment mit einer Haltung der Offenheit und Neugier". Wenn dies tatsächlich die Geheimnisse eines glücklichen Lebens sind, welches größere Geschenk könntest du deinem Kind dann machen, als deine Emotionen so zu steuern, dass dir das nächste Mal, wenn dein Kind dir den Spiegel vorhält, gefällt, was du siehst?

Eine Studie (American Psychological Association, 2012) fand heraus, dass dankbare Jugendliche zahlreiche Vorteile für ihre psychische Gesundheit haben. Die Wissenschaftler/innen baten 700 Schüler/innen im Alter von 10 bis 14 Jahren, zu Beginn der Studie und vier Jahre später Fragebögen auszufüllen, um die Daten zu vergleichen. Als sie die Ergebnisse der am wenigsten und der am meisten dankbaren Kinder verglichen, stellten sie fest, dass dankbare Kinder ein um 15% höheres Gefühl für den Sinn ihres Lebens hatten, insgesamt 15% zufriedener mit ihrem Leben waren und 17% glücklicher und hoffnungsvoller über ihr Leben waren. Außerdem sanken ihre negativen Emotionen um 13% und die Symptome von Depressionen um 15%. Selbst Kinder, die zu Beginn der Studie nicht dankbar waren, konnten mit der Zeit Dankbarkeit entwickeln. Diejenigen, die die Kunst der Dankbarkeit erlernten, zeigten wichtige Vorteile für ihre psychische Gesundheit - einschließlich einer Verringerung von Verhaltensweisen wie Schulschwänzen, Nachsitzen und Missbrauch von Alkohol und Drogen.

WUT DURCH EINEN GESÜNDEREN EMOTIONALEN ZUSTAND ERSETZEN

Wenn es nicht hilft, Wut zu unterdrücken, wie kannst du dann positiv mit negativen Emotionen umgehen? In früheren Kapiteln haben wir gezeigt, wie Auslöser zu Wutausbrüchen führen können, und wir haben uns damit beschäftigt, wie wichtig es ist, deine eigenen Auslöser zu definieren. Negative Emotionen sind mehr als nur das Ergebnis eines Auslösers. Sie entstehen auch durch die Art und Weise, wie wir eine Situation interpretieren. Der Schlüssel zur Emotionsregulierung liegt darin, die Rolle zu erkennen, die wir dabei gespielt haben, so wütend zu werden. Gibt es eine Möglichkeit, unnötige Auslöser zu vermeiden oder Situationen neu zu interpretieren, die uns regelmäßig Stress bereiten?

Um Ärger zu vermeiden, versuche zu ändern, was du kannst. Wenn du zum Beispiel einen stressigen Job hast, solltest du dein Zeitmanagement perfektionieren, damit du deine Deadlines problemlos einhalten kannst. Gib dir feste Zeiten für die Erledigung deiner täglichen Ziele und verwende Apps wie *Clockily*, *Rescue Time* oder *Remember the Milk*, um Zeitverluste zu reduzieren und Aufgaben zu verwalten.

Manchmal wird Stress dadurch verursacht, dass du dich nicht durchsetzt oder deine Grenzen nicht deutlich machst. Bleib dir selbst treu und sag zur richtigen Zeit, was du brauchst, damit sich keine Frustration aufbaut. Schließlich solltest du darauf achten, dass du viele gesunde Möglichkeiten hast, Stress abzubauen. In Kapitel sieben werden wir dir konkrete Aktivitäten zum Stressabbau vorschlagen. Wichtig ist jedoch, dass du deine bevorzugten Methoden zum Stressabbau findest und großzügig mit dir selbst bist, damit du genug Zeit für diese Aktivitäten hast.

DEINE WUT IN SCHACH HALTEN, WENN DEINE KINDER EINEN AUSRASTER HABEN

Wenn dein Kind einen Nervenzusammenbruch hat, versuche, die Spannungen abzubauen. Als Vorbild ist es deine Aufgabe, den Tonfall und die Stimmung in diesem Moment in eine entspanntere und vernünftigere Richtung zu lenken. Das kannst du tun, indem du mit ruhiger Stimme sprichst, dein Kind beruhigst und ihm sagst, dass du verstehst, was es gerade durchmacht. Wenn du das Gefühl hast, dass du mit deinem Latein am Ende bist oder einen Tag voller Spannungen und Auslöser hinter dir hast, denk daran, dass der Wutanfall deines Kindes kein persönlicher Angriff ist. Alle Kinder haben Wutanfälle und wenn sie einmal angefangen haben, können sie unglaublich schwer zu unterdrücken sein. Sieh einen Wutausbruch als eine Gelegenheit, deinem Kind beizubringen, seine Gefühle zu erkennen, zu akzeptieren, zu analysieren und schließlich zu kontrollieren. Das wird einfacher, wenn Kinder reifer werden und wichtige Fähigkeiten wie Selbstbewusstsein entwickeln.

DIE WUT DEINES KINDES UMLENKEN

Wenn ein Kleinkind mitten in einem Nervenzusammenbruch ist, versuche, seine Aufmerksamkeit umzulenken. Wenn dein Kind zum Beispiel schreit, weil es ein Spielzeug kaputt gemacht hat, sag ihm: "Es ist nie gut, wenn du deine Stimme erhebst. Warum gehen wir nicht in den Garten und gießen dein Gemüse?" Versuche die folgenden Schritte, wenn dein Kind das nächste Mal einen Wutanfall hat:

- Bevor du dein Kind auf einen neuen Gedanken oder eine neue Aktivität lenkst, nimm dir einen Moment Zeit, um tief durchzuatmen und deine Nerven zu beruhigen. Das hilft deinem Kind zu erkennen, dass Wutanfälle keine Macht über dich haben.
- Sprich selbstbewusst und lass dein Kind wissen, dass du es ernst meinst, aber gib ihm Zeit, sich zu beruhigen.

- Versichere deinem Kind, dass es in Ordnung ist, verärgert zu sein, indem du etwas sagst wie: "Ich wäre auch verärgert, wenn mein bester Freund heute nicht zum Spielen kommen könnte".
- Versuche, Auslöser zu reduzieren. Der Anblick eines kaputten Spielzeugs zum Beispiel kann dein Kind in einem negativen Zustand "festhalten". Bringe dein Kind in einen anderen Teil des Hauses, am besten nach draußen, damit die Quelle des Auslösers nicht so unmittelbar ist.
- Geh an einen neuen Ort, der voller neuer Dinge ist, die dein Kind faszinieren können. Ein Spaziergang in der Natur ist ein besonders wirksamer Stressabbau, also kann ein Spaziergang draußen helfen, wenn dein Kind aufgeregt ist.
- Verhindere Wutanfälle, indem du die Auslöser erkennst (dazu können bestimmte Tageszeiten und Situationen gehören). Versuche, die Ursache für wiederholte Wutanfälle herauszufinden - zum Beispiel kann es sein, dass dein Kind nach dem Mittagessen müde ist und einfach ein Nickerchen braucht. Wenn ein bestimmtes Spiel es frustriert, braucht es

vielleicht Zeit, bis es reif genug ist, es zu spielen.

- Sei geduldig und probiere Strategien mehr als einmal aus. Übung macht den Meister und niemand kennt dein Kind so gut wie du selbst. Nach und nach kannst du die Kunst der Vorbeugung und des Umgangs mit Wutanfällen auf die Weise perfektionieren, die für dein Kind am besten funktioniert.

WARUM DU RUHIG BLEIBEN SOLLTEST

Es kann sehr schwer sein, ruhig zu bleiben und gegen deinen Instinkt zu kämpfen, wenn du die Wut deines Kindes ausgleichst oder versuchst, es anzuschreien. Wenn du jedoch die Fassung verlierst, sabotierst du dich selbst und beeinträchtigst die Fähigkeit deines Kindes, seine eigene Wut zu kontrollieren. Du reagierst, anstatt zu agieren, bringst deinem Kind bei, dass Schreien die erwartete Reaktion auf Stress ist, und verstärkst negative Glaubenssätze. Wenn du jedes Mal, wenn dein Kind angespannt ist, die Fassung verlierst, kann dein Kind anfangen zu denken, dass es diese Art von Behandlung verdient. Es kann Überzeugungen entwickeln wie: "Meine Eltern schreien mich an, weil ich schlecht bin und es nicht verdiene, besser behandelt zu werden."

Dein Kind kann auch lernen, wie es dich durch Wutanfälle und Schreien "zermürbt". Gelassen zu bleiben, gleicht dagegen Konflikte aus und setzt auf Teamarbeit. Ruhig zu bleiben fördert die emotionale Nähe. Um die Gelassenheit zu stärken, übe die emotionalen Fähigkeiten, die wir in den Kapiteln zwei und drei besprochen haben. Wenn ein Wutanfall seinen Höhepunkt erreicht hat, halte inne. Achte auf die Signale deines Körpers, die dir sagen, dass deine Wut eskaliert. Atme. Wenn du dich beruhigt hast, handele. Bringe deine Gedanken und Wünsche selbstbewusst zum Ausdruck, wobei Einfühlungsvermögen und der Wunsch nach einer Verbindung immer im Vordergrund stehen sollten.

GELASSENHEIT ALS QUALITÄT

Gelassenheit ist mehr als eine Reaktion und mehr als ein Gefühl. Sie kann zu einem Charakterzug werden, wenn du die nötigen Schritte unternimmst, um sie zu einem Teil deiner Persönlichkeit zu machen. Authentische Gelassenheit ist eine Reise, und sie beginnt mit einer größeren Selbsterkenntnis (Pruess, n.d.). Wenn du als Mensch reifer wirst, wirst du feststellen, dass es oft nicht die Umstände und Stressoren sind, die du in deinem täglichen Leben nicht vermeiden kannst, sondern wie du sie verarbeitest und auf sie reagierst. Wenn du deinen Kindern, deinen Kollegen, den sozialen Medien, den zu erledigenden Aufgaben und anderen Dingen die Schuld für deine verdrängte Wut gibst, ist das ein gutes Zeichen dafür, dass du innehalten, analysieren, neu formulieren und selbstbewusst handeln oder weitermachen solltest.

Sobald du dir deiner selbst bewusster bist, kannst du die Techniken zur Emotionsregulierung anwenden, die wir in den vorherigen Kapiteln beschrieben haben (dazu gehört, dass du deine Auslöser erkennst und dich durch eine Neubewertung der Situation in Sicherheit bringst). Ein nützlicher Ratschlag ist, die Hand auf dein Herz zu legen, tief durchzuatmen und zu wiederholen: "Es ist alles in Ordnung", bevor du deine Erregung in einen Ausbruch verwandelst.

Mach dir die vielen kleinen, aber wirkungsvollen Maßnahmen, Werkzeuge und Strategien zu eigen, die du für nützlich hältst. Vielleicht stellst du fest, dass entspannende ätherische Öle in therapeutischer Qualität wie Lavendel deinen Stress lindern. Wenn du joggen gehst, fühlst du dich vielleicht erfrischt. Ein gemeinsames Mittagessen mit deinen Freunden, bei dem du Geschichten erzählst und lachst, kann dir helfen, dich geerdet und als Person vollständig zu fühlen. Suche nach Erfahrungen, die dich als Mensch motivieren, der nicht nur Eltern, sondern auch

Freunde, Sportler, Filmliebhaber, Leser, Botaniker und vieles mehr ist. Manchmal braucht es nur eine Umarmung, damit du dich wieder "ganz" fühlst.

Und schließlich solltest du immer das ultimative Ziel vor Augen haben: die besten Eltern zu sein, die du sein kannst. So bleibst du geerdet und engagiert. Lass dich von einem schlechten Tag oder einem Rückschlag nicht von deiner großen Vision abbringen. Deine Kinder sind dein Vermächtnis. Ermögliche es ihnen, die besten Menschen zu sein, die sie sein können, indem du ihnen alle Werkzeuge gibst, die sie brauchen, um ruhig, selbstbewusst und glücklich zu sein.

KINDER WOLLEN EINFACH NUR GELIEBT WERDEN

Das Wichtigste, was Kinder brauchen, ist einfach, dass du sie liebst. Manchmal verlieren Eltern diese Tatsache aus den Augen und investieren wertvolle Zeit und Energie in den Versuch, die perfekte "Mini-Version" ihrer selbst zu schaffen. Letztendlich sind die kleinen Entscheidungen, die du auf deinem Weg triffst, nicht so wichtig, wie das ultimative Geschenk für ein Kind - sich geliebt, sicher und wohl in seiner eigenen Haut zu fühlen. Auf welche Weise kommt Liebe einem Kind zugute (Oliver, 2016) und warum ist es so wichtig, ihm zu zeigen, was du für es empfindest?

LIEBE FÖRDERT EINE GESUNDE GEHIRNENTWICKLUNG BEI KINDERN

Schon als Baby ist es wichtig, dass du deinem Kind Liebe gibst und eine starke Bindung zu ihm aufbaust - das zeigt eine Studie von Neurowissenschaftlern der Washington University School of Medicine in St. Louis (Luby et al, 2012). Die Forscherinnen und Forscher untersuchten das Gehirn von Kindern und fanden heraus, dass der Hippocampus von Kindern, die von ihren Müttern gepflegt wurden, 10 % größer war als der von Kindern, die nicht von ihren Müttern gepflegt wurden. Der Hippocampus ist ein wichtiger Teil des Gehirns, denn er ist die wichtigste Struktur, die an der Aktivierung des autonomen Nervensystems beteiligt ist (ein unwillkürliches Nervensystem, das die Ausschüttung von Stresshormonen steuert). Die Studie war die erste, die tatsächliche anatomische Veränderungen im Gehirn aufzeigte, die durch einen Mangel an Fürsorge entstehen. Die Ergebnisse machen deutlich, wie wichtig es ist, es von Anfang an "richtig" zu machen.

Eine andere Studie der University of Iowa (Kochanska & Kim, 2012) ergab, dass Kinder, die eine enge Beziehung zu mindestens einem Elternteil haben, seltener problematische Verhaltensweisen zeigen oder emotionale Probleme haben, wenn sie älter sind. Die

Ergebnisse zeigen, dass Kinder, die eine enge Beziehung zu beiden Elternteilen haben, große emotionale Vorteile daraus ziehen können. Die Forscherinnen und Forscher erklärten, dass die ersten zwei Lebensjahre für Eltern entscheidend sind, um eine liebevolle, sichere Beziehung zu ihrem Kind aufzubauen. Dieser Zeitraum "scheint entscheidend für die soziale und emotionale Entwicklung des Kindes zu sein", so Forscherin Grazyna Kochanska.

EIN LIEBEVOLLES ZUHAUSE STÄRKT DAS SELBSTVERTRAUEN

Wenn du wirklich willst, dass deine Kinder sich gut fühlen, hilft nicht überschwängliches Lob, sondern Liebe. Forscherinnen und Forscher der Universität Amsterdam (Brummelman & Thomaes, 2017) haben herausgefunden, dass zu viel Lob das Selbstwertgefühl beeinträchtigen kann, während ein liebevoller Umgang mit Kindern ihnen das Gefühl gibt, ganz oben zu sein.

Schon im Kleinkindalter entwickeln Kinder ein Gefühl für sich selbst. Sie sehen dieses "Selbst" als einzigartig, vom Körper getrennt und über die Zeit hinweg stabil an. Mit zunehmendem Alter wird ihr Selbstkonzept immer ausgeprägter und sie können sich bewusster machen, wie sie sich von anderen unterscheiden. Manchen Kindern gefällt, was sie im Spiegel sehen. Sie sehen sich selbst als formbar (fähig, zu wachsen und sich zu verändern). Andere sehen ihre Fähigkeiten als feststehend an. Die Forscherinnen und Forscher der Studie berichten, dass es zwar unmöglich ist, die genauen Ursprünge des Selbstkonzepts eines Kindes zu bestimmen, aber wir wissen, dass ein Teil dieses Selbstkonzepts auf den Beziehungen zu anderen beruht. Eltern, die Wärme ausstrahlen, sich für die Interessen ihres Kindes begeistern und viel Zeit mit ihm verbringen, geben Kindern das Gefühl, gesehen, gehört und geschätzt zu werden.

Wenn Eltern ihre Wertschätzung und Liebe für ihre Kinder zeigen, indem sie sie häufig loben - z. B. indem sie sagen: "Wow, du warst so gut in der Prüfung!", "Toll, dass du das Schwimmrennen gewonnen hast!" und Ähnliches -, kann ein Kind das Gefühl bekommen, dass seine Eltern es nur dann lieben, wenn es "gewinnt" oder Spitzenleistungen erbringt. Das heißt natürlich nicht, dass Eltern ihre Kinder nicht loben sollten. Die wichtigste Erkenntnis aus der Studie ist, dass du deine Liebe zu deinen Kindern in erster Linie durch Wärme und gute Zeit ausdrücken solltest und nicht durch leistungsbezogenes Lob.

LIEBE UND DAS WACHSTUMSDENKEN

Kinder sollten nicht das Gefühl haben, dass der Erfolg im Leben von den Fähigkeiten abhängt, mit denen sie geboren wurden. Das kann sie von Wachstum und positiven Veränderungen abhalten. Sie sollten ermutigt werden zu glauben, dass Ziele durch Engagement und harte Arbeit erreicht werden können. Sie sollten auch wissen, dass die meisten Fähigkeiten - vom Sport bis zum Lesen oder Rechnen - verbessert werden können. So kann verhindert werden, dass Kinder sich in selbstbegrenzende "Schubladen" wie die "Sportlerschublade" ("Ich bin toll im Fußball, aber ein schlechter Schüler") und ähnliche illusorische Schubladen stecken. Fang an, die Bemühungen deines Kindes zu loben ("Wow! Du hast so hart für deine Prüfung gelernt. Dein Engagement war beeindruckend!"), anstatt die Ergebnisse zu loben ("Ja! Du hast eine Eins in deiner Prüfung bekommen! Ich habe nichts anderes erwartet.")

DEINE REAKTION AUF SCHEITERN IST WICHTIG

Wenn du willst, dass dein Kind erfolgreich ist, wenn es älter ist, solltest du deine Überzeugungen überprüfen. Neue Untersuchungen in der Zeitschrift *Psychological Science* (Haimovitz & Dweck, 2016) haben ergeben, dass die Überzeugungen der Eltern darüber, ob Misserfolg etwas Positives oder Negatives ist, die Ansichten ihrer Kinder über ihre eigene Intelligenz beeinflussen. Eltern sollten eine wachstumsorientierte Denkweise unterstützen, indem sie positiv und konstruktiv auf die Schwierigkeiten ihres Kindes reagieren. Der leitende Forscher, Kyle Haimovitz, betonte, dass Kinder sehr stark davon geprägt sind, wie ihre Eltern Misserfolge sehen. Du kannst deinem Kind kein Wachstumsdenken einimpfen, wenn du ihm nicht hilfst, Misserfolge als Chance für positive Veränderungen zu sehen.

FEHLENDE ELTERLICHE WÄRME IST MIT GESUNDHEITSRISIKEN VERBUNDEN

Wir wissen, welche positiven Dinge Liebe bewirken kann, aber was ist mit dem Gegenteil - was passiert, wenn einem Kind die elterliche Wärme fehlt? Untersuchungen von Forschern der University of California-Los Angeles Health Sciences (Carroll et al., 2013) haben gezeigt, dass die Auswirkungen mangelnder Wärme der Eltern ein Leben lang anhalten können. Wenn ein Kind "toxischen Stress" erlebt, hat es ein höheres Risiko für einen erhöhten Cholesterinspiegel, Herz-Kreislauf-Erkrankungen, das metabolische Syndrom und andere Erkrankungen, die seine Lebensqualität beeinträchtigen und sogar seine Lebensspanne verkürzen können.

Auf der anderen Seite ist Liebe so stark, dass sie die Auswirkungen von Missbrauch verringern kann. Die Hauptautorin Judith E. Carroll erklärte, dass Kinder, die von ihren Eltern oder Erziehungsberechtigten geliebt werden, besser vor den Folgen von Missbrauch geschützt sind und ein geringeres Risiko haben, missbrauchsbedingte Gesundheitsprobleme zu entwickeln als Kinder, die nicht geliebt werden.

AUCH KINDER BRAUCHEN POSITIVE AUFMERKSAMKEIT

Liebe ist ein Gefühl, aber es muss auf produktive Weise zum Ausdruck gebracht werden, und bei Kindern (und allen anderen Menschen) sollte es durch positive Zuwendung ausgedrückt werden, d.h. durch eine warme und interessierte Reaktion auf den geliebten Menschen (Raising Children Network, n.d.). Das gibt ihnen das Gefühl, geliebt zu werden, was zu einer optimalen Entwicklung und einem guten Selbstbild führt. Positive Zuwendung muss nicht in deinen Terminkalender eingetragen werden. Du kannst sie jeden Tag mit deinem Kind praktizieren.

WEGE, POSITIVE AUFMERKSAMKEIT ZU ZEIGEN

Positive Aufmerksamkeit kann sowohl verbal als auch nonverbal gegeben werden. In Kapitel fünf haben wir erwähnt, wie wichtig die Körpersprache im Umgang mit Kindern ist. Um ihnen das Gefühl zu geben, wertgeschätzt zu werden, solltest du Augenkontakt herstellen und einen liebevollen Gesichtsausdruck verwenden. Lächle, umarme dein Kind und zeige ihm, dass du seine Interessen teilst. Worte der Bestätigung - deinem Kind zu sagen, wie viel es dir bedeutet - sind ebenfalls wichtig. Wenn deine Kinder auf dich zukommen, um dir eine Zeichnung zu zeigen, die sie fertiggestellt haben, oder wenn sie dir ein Lied vorsingen wollen, lass dein Gesicht vor Begeisterung aufleuchten, damit sie sich besonders fühlen.

POSITIVE AUFMERKSAMKEIT UNTERSCHEIDET SICH JE NACH ALTER DEINES KINDES

Babys brauchen eine andere Art von Aufmerksamkeit als Teenager. Ein Großteil der positiven Zuwendung, die sie brauchen, besteht aus Beruhigung, Spielen (z. B. das Wiederholen von Geräuschen) und dem Erforschen der Dinge, die sie lieben. Wenn sie zum Beispiel gerne mit dem Spielzeug spielen, das über ihrem Bettchen hängt, leg dich neben sie und greife mit ihnen gemeinsam nach dem Spielzeug, mache Geräusche und spreche Worte, die zeigen, dass du es auch faszinierend findest.

Wenn aus Babys Kleinkinder werden, fangen sie an zu sprechen und die Worte zu verstehen, die du verwenden kannst, um ihr Selbstbewusstsein zu stärken. Wenn dein Kind ein Fingermal fertiggestellt hat, zeige deine Begeisterung mit Worten wie: "Wow! Das ist so schön bunt! Ich will auch so etwas machen!" Du kannst auch Vorschläge machen, ohne zu "korrigieren", was dein Kind gemacht hat. Du könntest z. B. vorschlagen, verschiedene Buntstifte, Farben oder andere Materialien zu verwenden, ohne eine qualitative Aussage zu treffen wie "Mit diesem Stift sieht es besser aus". Da dein Kind zu sprechen beginnt, solltest du deine Zuhörfähigkeiten verbessern und ihm Zeit geben, das auszudrücken, was es sagen möchte. Wenn die Kinder das Vorschulalter erreichen, kannst du mit ihnen eine Vielzahl von Aktivitäten unternehmen - vom Bauen von Türmen aus Bauklötzen bis zum Malen von Pflanzen und Blumen. In dieser Zeit können die Kinder anfangen zu verstehen, was Gefühle sind. Wenn du mit dem Spielen fertig bist, sagst du, wie du dich fühlst, z. B.: "Ich bin so traurig, ich muss jetzt zur Arbeit gehen!" Wenn du zurückkommst, hebst du die Hände in die Luft und sagst: "Juhu! Ich bin so froh, dass ich wieder da bin und mit dir spielen kann. Gib mir eine große Umarmung!"

Kinder im Schulalter und Jugendliche im Vorschulalter haben komplexere Bedürfnisse: Sie wollen dir mitteilen, wie ihr Tag in der Schule war, über Freunde sprechen und ihre Interessen ausdrücken. Es ist eine Zeit, in der das Teilen von Interessen mit deinem Kind (z.B. Fahrradfahren, Kochen, Scrapbooking, Lesen, digitale Kunst und vieles mehr) eure Bindung stärken kann. Gemeinsame Hobbys haben den zusätzlichen Vorteil, dass ihr in einer entspannten Umgebung Dinge entdecken könnt, die ihr noch nicht voneinander wusstet. Wenn dein Kind an diesen Aktivitäten mit anderen teilnimmt, beobachte und kommentiere positiv, wie es sozial interagiert. Du könntest zum Beispiel sagen: "Mir ist aufgefallen, dass Emma es sehr genossen hat, als du dein Lieblingslied für sie gesungen hast. Es ist schön, dass du deine schöne Stimme gerne mit deinen Freunden teilst" oder "Ich habe gesehen, wie du deinen Snack mit Joe geteilt hast. Das war so nett von dir!"

Insgesamt geht es bei positiver Zuwendung vor allem um Verbindung und Spaß. Wenn du mit deinem Kind zusammen bist, versuche zu vermeiden, es zu beurteilen oder zu kritisieren. Du kannst alles sagen, was du willst, solange du es auf eine positive Art und Weise tust und nicht auf eine kritische. Die Vorteile einer gemeinsamen Zeit mit deinem Kind summieren sich. Weil dein Kind dir vertraut und weiß, dass du es liebst, wird es dir eher zuhören, wenn du es auf ein Verhalten hinweist, das vielleicht korrigiert werden muss, und glauben, dass du wirklich versuchst, ihm zu helfen, anstatt es zu verurteilen und zu beschämen. Eine starke Bindung hilft deinem Kind auch, dir mit offenem Herzen zuzuhören, wenn du ihm Fähigkeiten zur Konfliktlösung beibringst.

VALIDIERUNG IST EIN MÄCHTIGES ERZIEHUNGSINSTRUMENT

Validierung als psychologisches Instrument wurde in dem Buch *Cognitive-Behavioral Treatment of Borderline Personality Disorder* (Linehan, 1993) vorgeschlagen. In diesem Buch empfahl die Autorin Marsha Linehan, Ph.D., dass Therapeuten ihren Klienten das Gefühl geben sollten, dass ihre Antworten einen Sinn ergeben, dass der Therapeut diese Antworten akzeptiert und dass sie ernst genommen werden sollten. Es ist leicht zu erkennen, dass dieses Konzept auch im Umgang von Eltern mit ihren Kindern funktionieren kann. Wenn dein Kind sich über etwas beschwert und du ihm sagst, dass du dir vorstellen kannst, wie es sich fühlt, und dass du verstehst, warum es sich so fühlt, wie es sich fühlt,

fühlt es sich wertgeschätzt und gehört und lernt zu verstehen, dass deine Liebe zu ihm bedingungslos ist.

Validieren bedeutet zu akzeptieren, dass dein Kind eine Erfahrung, einen Tag oder einen Moment im Leben haben kann, den es als herausfordernd empfindet - ohne zu versuchen, es "da rauszuholen" oder ihm zu unterstellen, es würde überreagieren. Wenn du zum Beispiel einem Teenager, der gerade die Enttäuschung über die Trennung von seinem Schwarm erlebt hat, sagst: "Das hat jeder schon durchgemacht, genieße einfach deine Zeit mit deinen Freunden und denke nicht zu viel darüber nach", kann sich dein Kind von dir distanziert fühlen, weil du die Bedeutung von etwas, das ihm sehr wichtig ist, eindeutig herunterspielst. Sag ihm stattdessen, dass du verstehst, wie schmerzhaft eine Trennung ist. Versuche, keine Ratschläge zu erteilen, bevor sie nicht danach gefragt haben, und gib ihnen die Zeit, die sie brauchen, um "alles rauszulassen" und Ideen und Strategien mit dir zu besprechen.

Bestätigung bedeutet nicht, dass du allem zustimmst, was dein Kind sagt, oder dass du ihm ein Verhalten erlaubst, das nicht mit den Regeln deines Haushalts vereinbar ist. Im obigen Beispiel könnte dein Kind mit gebrochenem Herzen fragen, ob es mit seinen Freunden ins Kino gehen darf. Wenn sie am nächsten Tag eine Prüfung hat und früh aufstehen muss, solltest du ihr zugestehen, dass es ihr schlecht geht, ihr aber sagen, dass es besser ist, den Kinobesuch auf das Wochenende zu verschieben.

Bestätige dein Kind, auch wenn es wütend und frustriert ist oder sich zu überschwänglich äußert. Dadurch wird die Spannung abgebaut. Manchmal braucht dein Kind einfach nur jemanden, der es versteht. Jemanden, der sich nicht einmischt, um sein Problem zu lösen oder die manchmal komplexe, geheimnisvolle Natur von Beziehungen zu verstehen. Wenn du dich mit deinem Kind hinsetzt, es in den Arm nimmst und ihm sagst, dass es dir leid tut, dass es traurig, wütend oder enttäuscht ist, kannst du Erinnerungen schaffen, die dein Kind jahrelang in Ehren halten wird. Versuche dich an die schwierigen Zeiten in deinem Leben zu erinnern, in denen ein Elternteil oder ein Familienmitglied für dich da war. In diesen Momenten hast du vielleicht eine tiefe Liebe gespürt, an die du dich für den Rest deines Lebens gerne erinnern wirst.

DEINEM KIND LIEBE ZEIGEN

Wenn du den Bestseller *"Die 5 Sprachen der Liebe"* (Chapman, 2010) gelesen hast, dann weißt du, dass Menschen unterschiedliche Arten bevorzugen, Liebe zu geben und zu empfangen. Das Buch enthält eine nützliche Liste der wichtigsten "Liebessprachen" der

Menschen. Diese sind: Worte der Bestätigung (Zuneigung durch das gesprochene Wort ausdrücken), Qualitätszeit (Zeit mit jemandem verbringen und ihm/ihr unsere ungeteilte Aufmerksamkeit schenken), körperliche Berührung (Liebe durch Umarmungen, Händchenhalten, Berühren des Arms und Ähnliches ausdrücken), Taten des Dienens (anderen einen Gefallen tun, z. B. den Abwasch machen, sie zum Balletttraining bringen oder ein kaputtes, aber geliebtes Spielzeug neu bemalen) und Geschenke erhalten (viele Menschen finden es unglaublich rührend, wenn jemand sich die Mühe macht, ihnen etwas zu besorgen, das sie wollen, brauchen oder für das sie sich vor einiger Zeit interessiert haben). Das Buch geht davon aus, dass es manchmal zu Konflikten, Schmerz und Enttäuschungen kommen kann, wenn sich unsere primäre Liebessprache stark von der unserer Liebsten unterscheidet.

Die wohl wichtigste Lektion in diesem Buch ist, dass du, wenn du jemanden glücklich machen willst, dies auf eine Weise tun musst, die er versteht. Das bedeutet, flexibel zu sein und manchmal eine Sprache der Liebe zu benutzen, die nicht deine erste Wahl ist. Das ist ein guter Tipp, den du im Hinterkopf behalten solltest, wenn du deinem Kind Zuneigung ausdrücken willst. Deine Liebessprache ist vielleicht "Geschenke geben und annehmen" und du freust dich vielleicht, deinem

Kind ein wunderschönes Armband zu schenken, das du kürzlich in einem Luxusladen gekauft hast. Frag dich jedoch, ob dein Kind genauso begeistert von Schmuck ist wie du. Vielleicht sind sie sogar glücklicher, wenn du mit ihnen einen Tag im Einkaufszentrum verbringst, einen Film ansiehst und gemeinsam zu Mittag isst. Das heißt nicht, dass ihre Liebessprache "besser" oder "sinnvoller" ist. Sie ist einfach anders. Stell dir das mal so vor: Wenn dein Kind schon immer Paddelboard fahren lernen wollte, warum schenkst du ihm dann ein Klavier zum Geburtstag, anstatt die Erfahrung seiner Träume zu machen?

Wenn du herausfinden willst, wie du deinem Kind Liebe zeigen kannst, hör ihm einfach zu. Gib ihm einen "Ja"-Tag - einen Versuchstag, an dem du dich bereit erklärst, zu allen vernünftigen Bitten "ja" zu sagen. Worum hat dein Kind gebeten? Ein paar Kopfhörer? Einen Besuch im örtlichen Tierheim, um mit einem Hund spazieren zu gehen und ihn vielleicht zu pflegen? Gemeinsame Zeit, viele Umarmungen und liebevolle Worte? Beobachte das Verhalten deines Kindes, wenn es sich dir gegenüber liebevoll fühlt - seine Entscheidungen geben Aufschluss darüber, wie gerne es Liebe gibt und empfängt.

Außerdem gibt es eine kleine Liste mit bewährten Aktivitäten, die fast alle Kinder lieben. Dazu gehören:

- **Gemeinsam Zeit verbringen**

Das kann ein Spiel sein, ein Projekt oder ein gemeinsamer Badestrand. Qualitätszeit bedeutet volle Präsenz und Achtsamkeit. Es geht darum, im Hier und Jetzt zu sein, und nichts ist wichtiger, als das spektakuläre Jetzt mit deinem Kind zu genießen.

- **Deinem Kind Bedeutung geben**

Zeige ihnen, dass du dich wirklich für die Aktivität interessierst, die ihr gemeinsam durchführt. Sag ihnen Dinge wie: "Ich finde es toll, wie du den Ausguck in diesem Legoturm gebaut hast. Das wirkt geheimnisvoll und wir können unsere Minifiguren hineinstellen", "Deine Idee, den Zuckerguss im Muffin zu verteilen, war fantastisch. Sieh nur, wie niedlich sie nach dem Backen aussehen", oder "Wow! Ich sehe, dass du den Buntstift wirklich nicht magst. Wie wäre es, wenn du diesen probierst? Er ist weich und wachsartig." Lass sie wissen, dass du die kleinen Entscheidungen, die sie treffen, wahrnimmst und lobe sie aufrichtig. Denk daran, dass Kinder sehr schnell merken, wenn etwas nicht echt ist.

- **Finde Dinge, die du an deinem Kind bewundern kannst**

Versuche, die Eigenschaften, die die Gesellschaft für "unerwünscht" hält, neu zu formulieren und die Einzigartigkeit der Persönlichkeit deines Kindes zu feiern. Zum Beispiel könnten die Leute sagen: "Deine Tochter Laura ist so süß, aber sie ist so frech. Sie rennt immer herum und kann einfach nicht stillhalten." Lass nicht zu, dass ihre Worte das positive Licht, das du auf dein Kind wirfst, beeinträchtigen. Sag deinem Freund, dass du es toll findest, dass dein Kind so energiegeladen ist. Wenn dein Kind ihre kritischen Bemerkungen gehört hat, sag etwas wie: "Ich finde es toll, wie energiegeladen du bist! Ich werde schon müde, wenn ich nur eine Meile laufe, aber du kannst so viel laufen und trotzdem herumspringen."

In der Regel solltest du sehr vorsichtig sein, wenn du dich von "Spielplatzgerede" unterkriegen lässt. Es ist eine Tatsache, dass andere wettbewerbsorientiert sein können und ihre eigene Unsicherheit sie dazu verleiten könnte, das Verhalten deines Kindes mit dem ihrer Kinder zu vergleichen. Meide Menschen, die dein Kind nicht akzeptieren, die es kritisieren und beurteilen und vor allem, die dir das Gefühl geben, ein "schlechtes Elternteil" zu sein, weil dein Kind nicht ihren Standards entspricht. Übe dich in Selbstliebe und sei selbstbewusst in deinen positiven Überzeugungen. Niemand hat das Recht, dir das Gefühl zu geben, dass du dich schämst, unwohl fühlst oder Angst hast, dass dein Kind etwas tut, was sie nicht gutheißen (z.B. "auf dem Stuhl zappeln" oder "zu laut reden"). Das Letzte, was dein Kind braucht, ist jemand, der seine Eltern gegen ihn hetzt. Sei natürlich offen für Feedback, aber achte darauf, dass es von Herzen kommt.

- **In den Schuhen deines Kindes gehen**

Es ist sehr schwer, sich über ein Kind zu ärgern, wenn du dich eine Minute in seine Lage versetzt und versuchst zu verstehen, warum es wütend/traurig/neidisch ist. Wenn sie z. B. ihr jüngeres Geschwisterkind geschlagen haben, lass sie wissen, wie sich ihr Geschwisterkind gefühlt haben könnte, und frag sie, was sie tun könnten, um es das nächste Mal besser zu machen. Wenn sie dir einen aufrichtigen Grund nennen, warum sie sich schlecht verhalten haben (sie könnten sagen: "Du spielst nicht mehr mit mir. Du kümmerst dich immer um Daniel!"), dann lass sie wissen, dass du verstehst, wie schwierig es ist, nicht mehr deine volle Aufmerksamkeit zu haben, wie es früher der Fall war, und frag sie, ob sie mit dir einen Mama-Tochter-Tag machen wollen, an dem sie etwas tun, was sie lieben. Beziehe sie nach und nach in die

Betreuung der jüngeren Geschwister ein, damit sie das Gefühl haben, dass sie eine wichtige Rolle im Haushalt spielen.

DIE VORTEILE DER BEDINGUNGSLOSEN LIEBE

Die Autorin, Dichterin und Kinderbeauftragte Laura Mulcha (UNICEF, 2021) hat vor kurzem eine Reihe von faszinierenden Interviews mit führenden Experten geführt, um herauszufinden, warum Liebe für Kinder so wichtig ist. Ihre Worte, die online verfügbar sind, zeigen die vielen verschiedenen Gründe auf, warum bedingungslose Liebe - die Liebe zu deinem Kind "mit Haut und Haaren" - so wichtig ist.

Der Referent Vikram Patel von der Harvard Medical School sprach zum Beispiel darüber, dass die psychische Gesundheit unser größtes persönliches Kapital ist und wie sie sich auf unser Denken, Fühlen und Verhalten auswirkt. Kinder zu lieben, freundlich und geduldig mit ihnen zu sein und ihnen zu helfen, ihre emotionale Intelligenz zu entwickeln, kann ihnen helfen, ein glücklicheres, gesünderes und längeres Leben zu führen. Cornelius Williams, stellvertretender Direktor und weltweiter Leiter des Kinderschutzes bei UNICEF, sprach über die Dinge aus wirtschaftlicher Sicht. Der Schutz von Kindern vor Gewalt sei von entscheidender Bedeutung, denn es sei die sinnvollste Investition, die wir tätigen können, um die Gesundheit, das Wohlbefinden und die Produktivität von Gesellschaften zu verbessern. Dr. Bernadette Madrid, Leiterin der Abteilung für Kinderschutz an der Universität der Philippinen in Manila, wies darauf hin, wie wichtig eine universelle Unterstützung für Eltern ist, um den generationenübergreifenden Kreislauf von Wut, Vernachlässigung und Missbrauch zu durchbrechen.

Bedingungslose Liebe kann manchmal schwer zu zeigen sein. Es bedeutet definitiv nicht, alles zu akzeptieren, was dein Kind tut. Im Gegenteil, sie erfordert kontinuierliche Arbeit, unendliche Geduld und die Bereitschaft, an einer Strategie festzuhalten, von der du glaubst, dass sie funktionieren könnte, auch wenn sie beim ersten oder zweiten Mal "versagt" hat.

Wenn du am liebsten das Handtuch werfen und einen One-Way-Flug auf die Bahamas nehmen möchtest, solltest du eine Pause einlegen. Denke daran, dass die meisten Verhaltensweisen, die dich "verrückt machen", entwicklungsbedingt normal sind. Dein Kind wächst, lernt und experimentiert; es ist kein "fertiges Produkt". Wenn dein Kleinkind das nächste Mal unaufhörlich herumrennt und sein älteres Geschwisterchen Spielzeug quer durch den Raum wirft, denk an das

Sprichwort: "Die Tage vergehen langsam, aber die Jahre fliegen vorbei", wenn es um Kinder geht.

Wenn dein Kind heranwächst, wirst du einen wunderbaren, interessanten Menschen entdecken, mit dem du spannende Gespräche führen, Interessen teilen und Hobbys ausüben kannst. Du wirst dich jedoch dabei ertappen, wie du dir niedliche Baby- und Kleinkindfotos deiner Kinder ansiehst und dir wünschst, du könntest die frühen Tage noch einmal erleben, als dein Kind noch Pausbäckchen und ein zahnloses Grinsen hatte und dich so liebte, dass du dich wie ein Held fühltest. Du kannst immer ein Vorbild für dein Kind sein, denn es wird nie aufhören, dich zu brauchen. Wenn du sie mit Liebe und Respekt behandelst, werden sie diese Geschenke von ganzem Herzen zurückgeben.

LIEBE ENTSTEHT AUS VERSTÄNDNIS UND EMPATHIE

Es ist sehr schwer, deine Kinder deine Liebe spüren zu lassen, wenn du kein Einfühlungsvermögen an den Tag legst. Einfühlungsvermögen zu zeigen bedeutet, den Fokus von dir selbst wegzunehmen und ihn auf dein Kind zu richten. Sobald du verstehst, was dein Kind fühlt, lass es das wissen, indem du ihm hilfst, seine Gefühle zu benennen (Dr. Joyce, n.d.).

Empathie baut Barrieren ab und stoppt hitzige Konflikte in ihren Bahnen. Sie kann als erster Schritt zu einer vernünftigen Konfliktlösung angesehen werden, weil sie Spannungen abbaut, Menschen auf eine gleichberechtigte Basis stellt und die Bereitschaft zeigt, den anderen zu verstehen und ihm zu helfen. Empathie muss echt sein, wenn sie Früchte tragen soll. Wenn deine Empathie halbherzig, eigennützig oder unzureichend ist, wird sie deinem Kind mehr schaden als nützen, da es sich enttäuscht, ungeliebt und sogar verwirrt fühlen kann.

Vielleicht fällt es dir schwer, Empathie für andere zu zeigen, wenn deine Eltern sie nicht mit dir geteilt haben. Wenn das der Fall ist, fällt es dir vielleicht schwer, dich selbst zu lieben, und du bist sehr überwältigt, wenn du dich "verleugnen" musst, um den Schmerz eines anderen Menschen zu ertragen. Vielleicht hast du einen Großteil deines Lebens damit verbracht, Schmerz, Wut und andere schwierige Emotionen zu unterdrücken, und die rohen Gefühle deines Kindes können dich innerlich "blockieren". Eine Therapie kann sinnvoll sein, wenn du glaubst, dass ein Trauma oder eine PTBS dich daran hindert, Zugang zu deinen Gefühlen zu finden und Empathie zu zeigen. Wir haben bereits erwähnt, dass Missbrauch und Wut viele negative Auswirkungen auf Kinder haben können, und manchmal ist der Schaden so tief, dass professionelle

Hilfe nötig ist, um ihn zu überwinden. Schäm dich nicht und lass dich nicht von Stigmatisierung, Scham oder Angst vor Verurteilung aufhalten. Wenn du dein Trauma aufarbeitest, positive Wege findest, mit deinem Schmerz umzugehen, und lernst, dich auszudrücken, kannst du die Kraft gewinnen, die du brauchst, um ein einfühlsameres Elternteil zu sein. Tatsächlich sollte die Arbeit an deiner eigenen psychischen Gesundheit und deinem Wohlbefinden als mutige, nützliche und kluge Investition in dein Kind betrachtet werden.

SEI WUTAUSLÖSENDEN SITUATIONEN EINEN SCHRITT VORAUS

Obwohl du deine Fähigkeiten zur Emotionsregulierung verbessert hast, wirst du vielleicht feststellen, dass du gelegentlich immer noch wütend wirst - und das ist in Ordnung, denn du bist ein Mensch und Wut dient manchmal einem guten Zweck. Wut ist nur dann problematisch, wenn sie entgleist und andere verletzt, zu einem Zusammenbruch der Kommunikation führt oder der eigenen Gesundheit (oder die der anderen) schadet.

Wut kann unproduktiv sein, wenn sie unterdrückt wird. Sie kann auch zwanghaft werden - wenn du dich wiederholt von jemandem beleidigt fühlst, kann das zu Hass, Dreiecksbeziehungen mit anderen oder dem Wunsch nach Rache führen. Wenn du deine Wut unterdrückst, um Konflikte um jeden Preis zu vermeiden, kann dies zu passiv-aggressivem Verhalten führen, das für andere schmerzhaft ist, weil es sich in Sarkasmus, Sabotage oder Boykott äußert. Es kann auch zu Depressionen, Ängsten, geringem Selbstwertgefühl und Alkohol- und Drogenmissbrauch führen.

Aggressive Wut ist die Kehrseite der Medaille. Sie kann direkte psychische und (manchmal) physische Schäden an Eigentum und natürlich auch an Menschen verursachen. Menschen mit klassisch passiv-aggressivem Verhalten sind vielleicht "Ja-Sager" zu ihren Chefs und Kollegen und stimmen Aufgaben zu, von denen sie denken, dass sie sie nicht tun sollten. Sie können tage- oder wochenlang in sich gehen, um dann eines Tages einen großen Ausbruch zu haben, indem sie das Telefon zuknallen oder die Tastatur quer durch den Raum werfen und damit Schaden anrichten sowie bei ihren Kolleginnen und Kollegen ein Gefühl der Angst und Unsicherheit hervorrufen. Manchmal lassen sie ihren Frust über die Arbeit auch an ihrer Familie aus. Bei Kindern kann sich aggressive Wut in Form von Mobbing und der Zerstörung von Schule oder persönlichem Eigentum äußern.

Sowohl bei Erwachsenen als auch bei Kindern kann eine falsch kanalisierte Wut dazu führen, dass sie nicht verzeihen können - und das kann bedeuten, dass sie ihr ganzes Leben lang eine Last mit sich herumtragen.

Vergebung ist Befreiung. Wie eine Studie der Mayo Clinic (Mayo Clinic, 2008) zeigt, ist sie gut für deine Gesundheit. Einen Groll zu hegen, wirkt sich dagegen auf das Nerven- und Herz-Kreislauf-System aus. In einer Studie hatten Menschen, die sich auf einen Groll konzentrierten, eine schnellere Herzfrequenz und einen erhöhten Blutdruck. Außerdem hatten sie das Gefühl, die Kontrolle zu verlieren und die Muskelspannung zu erhöhen. Wenn sie sich dagegen vorstellten, jemandem zu vergeben, fühlten sie sich positiver und beruhigten sich und die negativen physiologischen Veränderungen verschwanden. Die Forscher empfahlen:

- Erkenne an, dass du Schmerz und Wut empfindest, wenn dich jemand verletzt oder im Stich lässt.
- Erkennen, dass Heilung nicht passiv geschieht; sie erfordert Veränderung.
- Versuche, mit der Person, die dir Schmerz zugefügt hat, mitzufühlen oder zumindest ein Motiv oder einen Grund für die verletzende Handlung zu finden. Manchmal wollte die Person dich vielleicht gar nicht verletzen. Es kann sein, dass sie selbst Schmerzen haben und diese an dir auslassen, weil sie dir vertrauen und sich bei dir wohl fühlen. Wenn du kannst,

ist dies der Zeitpunkt, an dem du sagen kannst: "Ich vergebe dir."

- Genieße die geistige Freiheit, die mit dem Loslassen eines Grolls einhergeht. In dieser Phase wirst du vielleicht auch von Mitgefühl für andere erfüllt sein, die denselben Schmerz erlebt haben wie du.

Selbst wenn du lernst, jemandem zu vergeben, tauchen immer wieder neue Situationen auf, in denen du dich ungerecht behandelt fühlen kannst. Deshalb ist es wichtig, dass du die Ursachen für deine Wut kennst und weißt, wie du sie konstruktiv bewältigen kannst. Die folgenden Tipps helfen dir, mit deiner Wut umzugehen:

▶ **Mach dein Leben einfacher.**Wenn du dich von der Anzahl der Verpflichtungen, die dich in verschiedene Richtungen ziehen, überfordert fühlst, gib ein paar Verpflichtungen auf, damit du dich nicht mit so vielen selbst auferlegten Auslösern auseinandersetzen musst.

▶ **Arbeite an deinen Kommunikationsfähigkeiten.** Wenn jemand etwas sagt, das dir nicht gefällt, oder eine Situation angespannt ist, reagiere nicht unüberlegt. Verlangsame deinen Denkprozess und höre anderen zu, damit du eine begründete, realistische Sicht auf die Situation hast.

- **Steh zu deinen Emotionen.** Nimm eine Seite aus dem Buch der Achtsamkeit und erlaube dir, negative Gefühle wie Wut zu empfinden. Vermeide es, deine Gefühle zu unterdrücken, denn das kann dazu führen, dass du in ihnen gefangen bist.
- **Nimm dir Zeit, um für dich selbst zu sorgen.** Es gibt viele nützliche, gesunde Möglichkeiten, mit Ärger umzugehen und Stress proaktiv zu bewältigen, aber die meisten brauchen Zeit. Zahlreiche Studien haben gezeigt, dass ganzheitliche Aktivitäten wie Yoga, Tai Chi und Achtsamkeitsmeditation ein wirksames Mittel sind, um Stress abzubauen. Auch regelmäßige Bewegung ist gut für deine körperliche und geistige Gesundheit. Schwedische Wissenschaftler haben herausgefunden (Agudelo et al., 2014), dass körperliche Bewegung Menschen vor stressbedingten Depressionen schützt. Dies geschieht durch Veränderungen in der Skelettmuskulatur, die dazu beitragen können, das Blut von einer Substanz zu befreien, die sich bei Stress im Blut ansammelt und das Gehirn schädigt.

Eines der besten Dinge an Bewegung ist, dass sie Angst und Stress auch noch lange nach dem Training reduzieren kann. Eine Studie (University of Maryland, 2012) hat zum Beispiel herausgefunden, dass sowohl Sport als auch Ruhe gleich wirksam sind, wenn es darum geht, das Angstniveau zu senken. Sobald die Menschen jedoch etwa 20 Minuten lang emotional stimuliert werden, steigt der Stresspegel derjenigen, die sich ausgeruht haben, wieder an, während die Menschen, die Sport getrieben haben, ihren gesunkenen Angstpegel beibehalten.

EMOTIONALES GLEICHGEWICHT UND GLÜCK IN DEINEM LEBEN

Beim Wutmanagement geht es nicht nur darum, die Emotionen während einer angespannten Situation zu regulieren. Es erfordert das Streben nach einem ausgeglichenen, glücklichen Leben - ein Leben, das als wichtiger Puffer gegen die vielen täglichen Rückschläge des Lebens dienen kann. Wenn du mit deinen beruflichen und privaten Beziehungen zufrieden bist, fällt es dir leichter, Konflikte zu relativieren. Ein unausgeglichenes Leben hingegen kann dazu führen, dass du dich (manchmal zwanghaft) auf die Dinge konzentrierst, die dich wütend machen.

EIN GLÜCKLICHERES LEBEN FÜHREN

Der erste Satz von Tolstois *Anna Karenina* trifft den Nagel auf den Kopf. Er lautet: "Glückliche Familien sind alle gleich; jede unglückliche Familie ist auf ihre eigene Art unglücklich." So ist es auch bei uns Menschen. Unsere Ängste, Belastungen und unsere Traurigkeit sind meist sehr persönlich und speziell, doch zum Glücklichsein gehören in der Regel Schlüsselstrategien, die den meisten emotional intelligenten Menschen gemeinsam sind. Dazu gehören:

- **Negative Gedanken in positive Gedanken umwandeln**

Emotional intelligente Menschen wissen, wie sie einen negativen Gedanken wie "Ich habe meinen Job verloren, ich werde nie einen gleichwertigen finden" in "Ich habe meinen Job verloren, aber ich dachte immer, es wäre an der Zeit, mich zu verändern und andere Interessengebiete auszuprobieren. In gewisser Weise hat mich das dazu inspiriert, meinen Lebenslauf an Unternehmen zu schicken, bei denen ich schon immer gerne arbeiten wollte."

- **Wut ausdrücken**

In den vorangegangenen Kapiteln haben wir die Gefahren der emotionalen Unterdrückung besprochen und darauf hingewiesen, dass sie zu ungesunden Verhaltensweisen führen kann. Unterdrückte Wut kann nur zwei Dinge tun: sich in explosiver Wut äußern oder tief im Inneren bleiben, was zu schweren Schäden an deiner geistigen und körperlichen Gesundheit und deinem Wohlbefinden führt.

- **Umgib dich mit positiven Menschen**

Der Umgang mit positiven, emotional verfügbaren und emotional intelligenten Menschen ist auf die bestmögliche Weise ansteckend. Von Menschen, die eine positive Lebenseinstellung haben, kannst du viel darüber lernen, wie man mit Enttäuschungen umgeht. Der Motivationsredner Jim Rohn hat einmal gesagt, dass Menschen dazu neigen, viele Eigenschaften der fünf Personen zu übernehmen, mit denen sie die meiste Zeit verbringen. Wenn du ein viel beschäftigter Mensch bist, warum solltest du die wenige freie Zeit, die du hast, mit Menschen verbringen, die dich nur runterziehen und dir die Energie rauben, für die du so hart arbeitest?

- **Sich selbst lieben**

Whitney Houstons Lied über die größte Liebe, die in einem selbst steckt, ist fast schon ein Klischee, aber Selbsthass bringt weder einem selbst noch seinen Lieben und Bekannten etwas Gutes. Du kannst anderen nicht dein Bestes geben, wenn du gestresst, müde oder erschöpft bist. Sei gut zu dir selbst, damit du in potenziell auslösenden Situationen die beste Chance hast, die Ruhe zu bewahren.

- **Hass vermeiden**

Es gibt genug Hass in der Welt, also bringe nicht noch mehr davon in dein Leben oder das Leben anderer Menschen. Achte auf dich, wenn du mit deinen Lieben oder Freunden sprichst und die sozialen Medien nutzt. Nutze Chats oder soziale Medien nicht, um Frust an anderen auszulassen. Bemühe dich bewusst darum, den Menschen, mit denen du zu tun hast, Glück und Licht zu bringen, und versuche, Frieden und Positivität in die Welt zu bringen, eine Person nach der anderen.

- **Deinem Körper den Treibstoff geben, den er braucht**

Achte auf eine gesunde, mediterrane Ernährung, die aus gesunden Proteinen, Hülsenfrüchten, Obst und Gemüse und gesunden Omega-3-Fettsäuren besteht. Untersuchungen zeigen (Sanchez-Villegas et al., 2009), dass diese Ernährung mit einem geringeren Risiko für Depressionen verbunden ist. Die genauen Gründe für dieses Phänomen sind nicht bekannt, aber Forscher glauben, dass es mit der Fähigkeit der mediterranen Ernährung zu tun hat, Entzündungen zu bekämpfen,

Herzkrankheiten vorzubeugen, sauerstoffbedingte Zellschäden zu reparieren und vieles mehr. Achte darauf, dass du auch viele Ballaststoffe isst, denn sie helfen dir, deine Darmgesundheit zu verbessern. Jüngste Studien haben gezeigt, dass es eine wichtige Verbindung zwischen dem Darm und dem Geist gibt. Das heißt, es gibt einen Zusammenhang zwischen Depressionen und einem niedrigen Gehalt an bestimmten Darmbakterien.

- **Sieben bis neun Stunden pro Nacht schlafen**

Erwachsene sollten zwischen sieben und neun Stunden Schlaf bekommen, aber in den USA erreicht einer von drei Erwachsenen dieses Ziel nicht (laut CDC). Wenn du zu wenig Schlaf bekommst, kannst du reizbar werden und schon bei der kleinsten Provokation aufspringen. Um genau zu sein, kann eine schlaflose Nacht den emotionalen Stress um 30 % erhöhen. Eine gute Nachtruhe hingegen hilft, das ängstliche Gehirn zu regenerieren (Simon et al., 2019) - wahrscheinlich nannte Shakespeares Macbeth den Schlaf deshalb den "Balsam für verletzte Gemüter".

- **Gute Freunde haben**

Die Kommunikation mit Freundinnen und Freunden reduziert den Stresspegel und hält dich auf dem Boden und in Verbindung. In der heutigen Zeit ist es einfach, mit Freunden aus aller Welt in Kontakt zu bleiben, und es gibt immer jemanden, mit dem du zu jeder Tageszeit chatten kannst. Wenn es eine Weile her ist, dass du mit deiner besten Freundin oder deinem besten Freund gesprochen hast, schlage einen Videoanruf vor, chatte im Messenger oder verabrede dich mit ihr oder ihm für ein baldiges Treffen.

- **Gutes für andere wünschen**

Anderen das Beste zu wünschen, hilft, angespannte Situationen zu beruhigen, den Geist ruhig zu halten, positive Gefühle hervorzurufen und positive Schwingungen zurückzubringen. Untersuchungen, die im *Journal of Happiness Studies* veröffentlicht wurden, haben zum Beispiel ergeben, dass es Angst und Stress abbauen kann, wenn man jemandem das Beste wünscht (Gentile et al., 2019). Forscherinnen und Forscher fanden heraus, dass liebevolle Freundlichkeit Empathie und Glücksgefühle fördert und Ängste reduziert, während es das Gefühl der Verbundenheit mit anderen und das Gefühl der Fürsorge verbessert, wenn man anderen Gutes wünscht.

- **Sinnvolle Freizeitbeschäftigung finden**

Es ist viel einfacher, auf kleine Provokationen anzuspringen, wenn du dich leer fühlst oder wenn es in deinem Leben nur wenige aufregende Dinge gibt. Wenn du ein zielgerichtetes Hobby hast, das dich erfüllt und begeistert, ist es viel einfacher, positiv und dankbar zu sein und Konflikte in einem größeren Zusammenhang zu sehen.

- **Vermeidung einer Überdosis an Nachrichten und sozialen Medien**

Während es für alle Menschen wichtig ist, sich über wichtige lokale, nationale und internationale Nachrichten auf dem Laufenden zu halten, kann die Beschäftigung mit Gesundheitssorgen und Katastrophen dein Stressniveau erhöhen und sogar Angstzustände oder Depressionen auslösen. Halte deine Nutzung sozialer Medien in einem vernünftigen Rahmen, denn der Missbrauch dieser Art von Medien wird mit einer Zunahme von Depressionen und Einsamkeit in Verbindung gebracht. Eine Studie der University of Arkansas (Primack et al., 2021) zeigte, dass junge Erwachsene, die mehr Zeit in sozialen Medien verbrachten, innerhalb von sechs Monaten mit deutlich höherer Wahrscheinlichkeit eine Depression entwickelten.

IDENTIFIZIEREN UND VERSTEHEN DEINER AUSLÖSER

Ein emotionaler Auslöser kann alles sein - eine Erinnerung, ein Tonfall, oder eine Situation, die dich ängstlich macht. Es ist wichtig, deine persönlichen Auslöser zu erkennen, denn wenn du weißt, dass sie normalerweise eine Reaktion in dir auslösen, kannst du aufhören, ihnen die Macht dazu zu geben, und erkennen, dass du selbst die Kontrolle darüber hast, wie du reagierst.

Häufige Auslöser

Jeder Mensch hat seine eigenen Auslöser. Sieh dir diese Liste mit häufigen Auslösern an und frage dich, ob einer davon auf dich oder dein Kind zutrifft:

- Ungerechte Behandlung
- Abbruch
- Böse Blicke von anderen

- Freunde oder geliebte Menschen sind distanziert, wenn du sie brauchst
- Sich hilflos fühlen
- Versuche von anderen, dein Leben zu manipulieren oder zu kontrollieren
- Eine Herausforderung für deine Werte oder Überzeugungen
- Beurteilung durch andere
- Kritik von anderen
- Scharfer Wettbewerb mit anderen
- Gesagt zu bekommen, was zu tun ist
- Sarkasmus
- Sich ungeliebt oder unerwünscht fühlen
- Ablehnung
- Belogen werden
- Verraten werden
- Geächtet oder ignoriert werden
- Das Gefühl, dass jemand versucht, zu viel von deiner Zeit zu beanspruchen
- Der Verlust der Unabhängigkeit

Du erkennst, dass diese oder andere Ereignisse/Empfindungen Auslöser sind, weil dein Körper und dein Geist verräterische Reaktionen zeigen, wie zum Beispiel:

- Eine rasende Herzfrequenz
- Kurze, schnelle Atemzüge machen
- Schwindelgefühl
- Zittern
- Schwitzen (besonders in den Handflächen)
- Verdauungsbeschwerden oder ein aufgeblähter Magen
- Sich aufgeregt fühlen
- Gesichtsrötung
- Verspannte Nacken- und/oder Schultermuskeln
- Den Kiefer zusammenpressen
- Mit den Händen eine Faust formen

ANALYSIERE DEINE REAKTION AUF AUSLÖSER

Was tust du, wenn du nicht nur körperliche Anzeichen von Stress wahrnimmst, sondern auch, wenn ein Auslöser vor dir steht? Stelle dir wichtige Fragen, um deine Selbstwahrnehmung zu schärfen. Verfolgst du andere und versuchst, eine "Verbindung zu erzwingen"?

Beugst du dich vor und versuchst, es deinem Gegenüber recht zu machen? Versuchst du, jemand anderem die Schuld zu geben? Trinkst du Alkohol oder nimmst du Drogen? Verschließt du dich und ziehst dich zurück, verlässt den Ort, an dem der Auslöser stattgefunden hat, und weigerst dich, mit anderen darüber zu sprechen? Wirst du wütend, wirfst Dinge herum und schreist?

Versuche zu verstehen, warum du normalerweise eine bestimmte Art und Weise wählst, um auf Auslöser zu reagieren. Manchmal ist der Zusammenhang nicht sofort offensichtlich. Vielleicht magst du zum Beispiel keine Menschen, die übermäßig wettbewerbsorientiert sind, weil du mit einem Geschwisterteil aufgewachsen bist, das dich immer auf negative Weise herausgefordert hat. Menschen, die für dich unerreichbar sind, lösen vielleicht einen Trigger in dir aus, weil du Angst hast, verlassen zu werden, weil ein Elternteil gestorben ist, als du noch klein warst. Die Ursachen für deine Auslöser herauszufinden, ist eine der schwierigsten, aber auch lohnendsten Komponenten einer guten Wutbewältigung, denn nur wenn du vergangene und aktuelle Verletzungen ansprichst, kannst du verhindern, dass sich die Auslöser in unangemessener Weise manifestieren.

DEINE EMOTIONEN BEHERRSCHEN

Erkenne, was du fühlst - Traurigkeit, Wut, Frustration, Angst, Ekel und mehr - akzeptiere sie voll und ganz und sei dir bewusst, dass sie deinen Charakter nicht bestimmen. Vielleicht fühlst du diese Emotionen jetzt gerade, aber normalerweise ändern sie sich, genauso wie deine Wahrnehmung einer Person oder Situation. Erinnere dich an vergangene Situationen, die diese Gefühle ausgelöst haben (vielleicht hattest du Angst vorm Fliegen oder es war dir peinlich, dein Interesse an jemandem zu bekunden). Denke daran, wie sehr du dich im Laufe der Zeit verändert hast und verstehe, dass Gefühle nicht dauerhaft oder endgültig sind.

EINE PAUSE EINLEGEN UND AUSLÖSENDE SITUATIONEN UMGESTALTEN

Wenn du deine Gefühle erkannt und akzeptiert hast, kannst du deine Anspannung loslassen. Atme, nimm einen kleinen Snack oder ein Getränk zu dir, um Körper und Geist aufzutanken, geh spazieren, berühre Dinge in deiner Umgebung, die eine angenehme Beschaffenheit haben, oder höre ein aufmunterndes Lied. In diesem ruhigen Zustand blickst du auf die Situation zurück und lässt dein Mitgefühl in den Vordergrund treten. Versuche zu verstehen, warum dein/e Freund/in, Kollege/in oder Partner/in weniger freundschaftlich reagiert hat, als er/sie es normalerweise tun würde. Gibt es Stress in ihrem Leben? Wurde er/sie kürzlich von seinem/ihrem Chef gemaßregelt? Hat jemand, der ihnen wichtig ist, mit einer Krankheit zu kämpfen? Meistens haben die Menschen gute Absichten und wollen dir nicht den Tag verderben, dich verletzen oder wütend machen.

FREUNDLICH MIT ANDEREN KOMMUNIZIEREN

In diesem neuen, ruhigeren Gemütszustand, ist es viel einfacher anderen deine Bedürfnisse mitzuteilen. Wenn dein Kollege oder deine Kollegin kurz angebunden war oder eine Frage nicht so detailliert beantwortet hat, wie du es brauchst, warte, bis er oder sie ein bisschen aufgeschlossener ist. Später am Tag, wenn ihr zusammen eine Kaffeepause macht, kannst du etwas sagen wie: "Ich habe dich vorhin gefragt, wann der Abgabetermin für diese Aufgabe ist und ich habe gemerkt, dass du sehr beschäftigt bist. Das hat mich ein wenig zögern lassen, dich anzusprechen. Wenn du das nächste Mal sehr beschäftigt bist, kannst du mich gerne bitten, später wiederzukommen, denn ich brauche diese Information, aber ich komme lieber wieder, wenn du sie mir vollständig erklären kannst." Die größte

Wahrscheinlichkeit (wenn es sich um vernünftige, emotional intelligente Menschen handelt) ist, dass sie sich entweder entschuldigen oder erklären werden, warum sie ausgerastet sind. Auf jeden Fall werden sie es sich wahrscheinlich zweimal überlegen, bevor sie ihren Stress an dir auslassen.

INVESTIERE ZEIT IN DEINE HEILUNGSREISE

Obwohl es hilfreich sein kann, an jeden einzelnen Auslöser zu denken und zu analysieren, wie du damit umgegangen bist, gehört zur langfristigen Heilung auch, schädliche Beziehungsmuster zu erkennen, die Achtsamkeit zu schärfen und Tagebuch zu führen. Für manche Menschen gehört dazu auch eine Therapie. Spezialisten für Beziehungsberatung können dir dabei helfen, erlernte Verhaltensmuster zu erkennen, die dich dazu gebracht haben, ungesunde Beziehungen einzugehen, Wut zu unterdrücken, auszubrechen, wenn du wütend bist, und vieles mehr. Dein Therapeut kann dir auch praktische Übungen vorschlagen, die dich darüber aufklären, inwieweit deine Überzeugungen deine Reaktionen auf Konflikte prägen können.

IDENTIFIZIERUNG DER AUSLÖSER DEINES KINDES

Dein Kind ist vielleicht noch zu jung, um seine eigenen Auslöser zu erkennen, seine Reaktionen darauf zu beobachten, Situationen neu zu gestalten, das Ziel im Auge zu behalten und seine Bedürfnisse zu kommunizieren. Als Elternteil bist du jedoch die perfekte Person, um dies zu tun, und wenn die Zeit vergeht und sie reifer werden, kannst du ihnen all die Fähigkeiten zur Emotionsregulierung beibringen, die du auf deinem Weg gelernt hast.

Die Auslöser deines Kindes zu kennen, kann dir auch helfen, eine Situation zu beenden, bevor sie außer Kontrolle gerät. Denke daran, dass das Problem nicht der Auslöser selbst ist, sondern die Art und Weise, wie dein Kind ihn wahrnimmt. Manche Kinder kochen über und fangen an zu schreien, wenn man ihnen sagt, dass sie etwas tun sollen, was sie nicht tun wollen. Andere nehmen deine Anweisungen zwar stillschweigend an, ziehen sich aber zurück und kommunizieren kaum mit dir, weil sie Angst haben, dass du etwas bemerkst, was sie nicht getan haben, oder sie aufforderst, sich in der Schule oder zu Hause mehr anzustrengen. Als Elternteil ist es deine Aufgabe, ihnen dabei zu helfen, ihre Gefühle effektiv zu kommunizieren - deshalb ist es so wichtig, die Zeichen zu erkennen, die sie auslösen können.

Beobachte die Situationen, Tageszeiten, Menschen, Aufgaben, Hobbys und andere Faktoren, die mit den Ausbrüchen oder dem Rückzug deines Kindes einherzugehen scheinen. Du könntest zum Beispiel feststellen, dass dein Kind jedes Mal, wenn es ein bestimmtes Computerspiel spielt, sehr frustriert ist, weil das Spiel einfriert oder Probleme hat. Dein Kind fängt vielleicht eine halbe Stunde vor dem Schlafengehen an, sich aufzuregen, weil es mehr Zeit mit dir verbringen möchte. Vielleicht ist es nach der Schule schlechter gelaunt, weil es sich mit anderen gestritten hat oder weil es Schwierigkeiten hat, Freunde zu finden. Beobachte ihre Worte und ihre Körpersprache und lerne, "die Punkte zu verbinden". Kinder werden nicht immer offen darüber sprechen, was sie schmerzt oder traurig macht. Deshalb musst du dich wie ein Detektiv verhalten und sanfte Fragen stellen, die sie ermutigen, dir mehr über ihre täglichen Erlebnisse zu erzählen. Auch andere Menschen in deinem Leben (Großeltern, Freunde der Familie, Geschwister) können ihre Beobachtungen machen und dir Informationen geben, die du vielleicht übersehen hast, also mach diese Aufgabe nicht allein.

DEINEM KIND HELFEN, SEINE AUSLÖSER ZU ERKENNEN

Wenn dein Kind reifer wird, sollte es auch die Säulen der Emotionsregulierung erlernen, von denen eine der wichtigsten ist, zu wissen, was sie auslöst. Bei jüngeren Kindern beginnt alles damit, dass sie ihre Gefühle erkennen und darüber sprechen. Frag sie, was sie traurig, wütend oder glücklich macht. So lernen sie, sich zu erinnern und zu analysieren, wie sich verschiedene Situationen, Erfahrungen und Menschen auf sie auswirken können. Als Nächstes solltest du die Punkte miteinander verbinden. Erkläre in einfachen Worten, wie Emotionen und Verhalten zusammenhängen. Du könntest zum Beispiel sagen: "Mir ist aufgefallen, dass du weinst, wenn du müde bist. Zeige ihnen, dass ihr Verhalten Konsequenzen hat und dass die Beseitigung von Auslösern Verhaltensänderungen erfordern kann. In diesem Beispiel würde zum Beispiel ein regelmäßiges Nickerchen und früheres Schlafengehen den Auslöser beseitigen.

Du solltest deinen Kindern auch beibringen, die wichtigsten körperlichen Anzeichen und Empfindungen zu erkennen, die durch Auslöser verursacht werden. Dazu gehören die oben genannten Effekte wie gerötete Wangen, ein warmes Gefühl im Gesicht und ein schneller Herzschlag. Kinder sollten wissen, dass diese

Anzeichen bedeuten, dass sie kurz davor sind, die Fassung zu verlieren, und dass sie sich auf eine Strategie verlassen können, die sie anspricht, um einen Ausbruch zu vermeiden.

Schließlich solltest du deinen Kindern die Kunst des "Cueing" beibringen. Sobald sie wissen, wie sie ihre Gefühle benennen können, konzentriere dich auf ein Gefühl - zum Beispiel Traurigkeit. Vereinbart, dass ihr ein bestimmtes Zeichen setzt (z. B. die rechte Hand heben), wenn ihr merkt, dass euer Kind diese Emotion empfindet. Dieser Hinweis kann als Zeichen dafür dienen, dass es an der Zeit ist, die gewählte Beruhigungsstrategie anzuwenden. Wenn dein Kind etwas Hilfe braucht, setze dich an seine Seite, berühre es sanft und sage beruhigende Worte und führe es durch die von ihm gewählte Aktivität, z. B. eine progressive Muskelentspannung oder eine Atemübung. Es kann sein, dass es mehrere Versuche braucht, um diese Strategie zu perfektionieren, aber du kannst sicher sein, dass du deinem Kind dabei hilfst, sich selbst besser kennenzulernen, seine Fähigkeiten zur Emotionsregulierung zu verbessern und mehr Vertrauen in seine Fähigkeiten zu haben, Herausforderungen und Stresssituationen erfolgreich zu bewältigen.

VERHARMLOSE DIE WUT DEINES KINDES NICHT UND LASS DICH NICHT AUF SIE EIN

Eines der unangenehmsten Dinge, die passieren können, wenn jemand wütend ist, ist, dass ihm jemand sagt, er würde überreagieren, aus einer Mücke einen Elefanten machen oder schwach sein. Diese Worte verletzen deine Kinder genauso sehr, wenn nicht sogar noch mehr, also achte darauf, dass du ihre Gefühle bestätigst, wenn sie wütend sind.

Reagiere auch nicht impulsiv auf ihre Wut. Ermutige sie stattdessen, zwischen ihren Gefühlen (Emotionen) und ihrem Handeln (Verhalten) zu unterscheiden. Es ist wichtig, das sie lernen , dass es in Ordnung ist, wütend zu sein, weil ihr kleines Geschwisterchen ihr Eis auf den Boden geworfen hat, aber dass es nicht akzeptabel (oder fruchtbar) ist, ihr Geschwisterchen zu schlagen oder einen Wutanfall zu bekommen. Gib ihnen die Zeit, die sie brauchen, um über ihre Gefühle zu sprechen, und bring ihnen bei, wie sie mit diesen Emotionen umgehen können. Lass sie wissen, dass es nie schlecht ist, sich ängstlich, verängstigt, traurig, wütend und andere Gefühle zu fühlen. Bringe ihnen wichtige Techniken zur Regulierung ihrer Emotionen bei, damit sie wissen, dass sie die Wahl haben, wie sie mit allen guten und schlechten Gefühlen umgehen. Wichtige Schritte, die du unternehmen kannst, sind:

KINDERN BEWÄLTIGUNGSSTRATEGIEN BEIBRINGEN

Wir haben betont, wie wichtig es ist, Kindern beizubringen, ihre Emotionen zu benennen, ihre Auslöser zu entdecken und die Gründe zu verstehen, warum bestimmte Situationen sie belasten. Sobald Kinder diese Aufgaben sicher beherrschen, können sie neue Wege finden, um negative Energie zu kanalisieren. Jedes Kind hat seine eigenen bevorzugten Methoden, zu denen auch gehören kann, sich positive Dinge zu sagen, wie "Ich bin okay", "Ich habe meine Gefühle unter Kontrolle" und "Ich bin stark".

KINDERN ZEIGEN, DASS SIE MACHT ÜBER IHRE EMOTIONEN HABEN

Deine Kinder sollten wissen, dass ihre Handlungen dazu beitragen können, dass sie ihre Gefühle mehr oder weniger unter Kontrolle haben. Sie können zum Beispiel lernen, dass sie sich gestresster und wütender fühlen können, wenn sie ihre Stimme erheben. Wenn sie dagegen bis 10 zählen und atmen, können sie in einen viel ruhigeren Zustand gelangen, indem sie ihre Gefühle unter Kontrolle haben und nicht umgekehrt.

DEN KINDERN KONSEQUENZEN FÜR IHRE HANDLUNGEN GEBEN

Wenn ein Kind etwas Unangemessenes tut (z. B. ein Geschwisterkind schlagen), sollte es eine Konsequenz oder Strafe bekommen. Lass sie wissen, dass du sie nicht für ihre Gefühle (Wut) bestrafst, sondern für ihre Handlung (Schlagen).

KEIN SCHWÄCHLING SEIN

Nur weil dein Kind dir sagt, dass es traurig oder wütend ist, heißt das nicht, dass es sich vor Hausarbeiten oder anderen charakterbildenden Aufgaben drücken darf.

EINE LISTE MIT LÖSUNGEN UND EINEN GUTEN FLUCHTPLAN ERSTELLEN

Erstelle eine Liste mit Strategien und Hilfsmitteln, die bei deinem Kind gut funktionieren. Beziehe die Kompromisse mit ein, die du und dein Kind möglicherweise eingegangen seid, und finde heraus, wie du deinem Kind das geben kannst, was es wirklich will, und nicht das, was es sich oberflächlich wünscht. Erarbeite auch deine eigenen Bedürfnisse und drücke sie so aus, dass deine Kinder sie verstehen. Wenn du deine Emotionen mit deinem Kind teilst, ist es wahrscheinlicher, dass es eine kooperative, nicht defensive Haltung einnimmt.

Habe einen zuverlässigen Fluchtplan, den du an besonders harten Tagen anwenden kannst. Das kann bedeuten, dass du joggen gehst, deine Mutter anrufst oder ein entspannendes Bad nimmst. Ihr müsst Konflikte nicht immer sofort lösen. Wenn du und dein Kind ein wenig Zeit verstreichen lasst, könnt ihr einen Zustand erreichen, in dem ihr beide eher bereit seid, Kompromisse einzugehen, um eine fruchtbare Lösung zu finden.

DEINEM KIND DAS GESCHENK DER FREIZEIT MACHEN

Kultiviere eine entspannte Präsenz und dein Kind wird das Gleiche tun. Eine stabile und verlässliche Beziehung kann euch beiden helfen, in dieselbe Richtung zu gehen, weg vom Ärger. Du musst dich nach einem anstrengenden Tag entspannen, aber das müssen deine Kinder auch. Außerdem müssen sie von klein auf lernen, wie wichtig Selbstliebe und Entspannung sind, damit sie diese gesunden Gewohnheiten beibehalten, wenn sie älter sind.

Fühle dich nicht verpflichtet, dein Kind bei allen möglichen außerschulischen Aktivitäten anzumelden. Höre auf die Worte von Kathy Hirsh-Pasek, PhD, Mitautorin von *Einstein Never Used Flashcards: Wie unsere Kinder wirklich lernen - und warum sie mehr spielen und weniger auswendig lernen sollten*. Sie betont, wie wichtig es ist, dass Kinder einfach "sein" und sogar "Zeit verschwenden" dürfen, wenn sie es brauchen. Wenn Kinder nichts zu tun haben, können sie ihrer Fantasie freien Lauf lassen, lernen, ihre Zeit einzuteilen, zu lesen, zu beobachten, zu erforschen und Talente und Interessen zu entdecken, die bei einem überfüllten Terminkalender verborgen bleiben.

NATÜRLICHE ENTSPANNUNGSMETHODEN NUTZEN

Wenn es um proaktive Strategien zum Stressabbau geht, hat eine Studie nach der anderen gezeigt (Creswell et al., 2014), dass körperliche Aktivitäten wie Meditation, Yoga und kontrollierte Atmung zu den effektivsten gehören. Wissenschaftlerinnen und Wissenschaftler haben herausgefunden, dass die Teilnahme an einer kurzen Achtsamkeitssitzung an drei aufeinanderfolgenden Tagen den Stress senkt und die psychische Stressresilienz stärkt.

Eine Studie (Buric et al., 2017) fand heraus, dass Mind-Body-Interventionen wie Yoga, Tai Chi und Meditation nicht nur entspannend wirken, sondern auch die molekularen Reaktionen in unserer DNA umkehren, die zu schlechter Gesundheit und Depressionen führen.

Eine weitere einfache, aber wirkungsvolle Angewohnheit ist es, Zeit in der Natur zu verbringen. Wenn du in der Nähe einer Grünfläche wohnst, ein paar Minuten in der Natur verbringst und sogar Pflanzen zu Hause hast, kannst du dich ruhiger fühlen. Wenn du etwas Lustiges mit Kindern ausprobieren möchtest, kannst du in den Wald gehen und ein "Waldbad" nehmen. Dabei geht es einfach darum, alle Sinne zu öffnen - Sehen, Hören, Fühlen und sogar Schmecken - und die Schönheit um dich herum wahrzunehmen. Bitte deine Kinder, das Geräusch des Herbstlaubs unter ihren Füßen, die Schönheit der Pilze oder den anmutigen Gesang der Vögel wahrzunehmen.

VERGISS NICHT, SPASS MIT DEINEN KINDERN ZU HABEN

Die Zeit mit deinen Kindern vergeht wie im Flug und wenn dein Kind in die Vor-Teenager- und Teenager-Jahre kommt, wünschst du dir manchmal, du hättest dich weniger darum gekümmert, "perfekt" zu sein, und einfach mehr Spaß mit ihnen gehabt. Die gute Nachricht ist, dass es nie zu spät ist, schöne Erinnerungen zu schaffen, bei denen es darum geht, einfach zusammen zu sein und Spaß zu haben. Sei fantasievoll und öffne dich für spontane Gelegenheiten, die Interessen deines Kindes mit ihm zu teilen. Wenn sie zum Beispiel unternehmungslustig sind und im Sommer einen Limonadenstand eröffnen wollen, warum gehen sie nicht gemeinsam in den Laden und kaufen alle Zutaten, die sie brauchen, sowie ein paar süße Accessoires wie Stäbchen und niedliche Gläser, mit denen sie "Kunden" anlocken können?

Warum machst du nicht ab und zu einen Überraschungsausflug (z.B. ein Picknick, einen Tag am Strand, eine Mani-Pediküre, eine Escape-Room-Aktivität für die ganze Familie und ähnliches)? Bitte deine Kinder, ihre eigene Bucket List mit Aktivitäten zu erstellen. Wenn ihr einen freien Vormittag, Nachmittag oder Tag habt, wählt eine Aktivität von ihrer Liste aus und zeigt ihnen, wieviel Spaß es machen kann, zu unerwarteten Gelegenheiten "Ja" zu sagen.

FAZIT

Eine der schädlichsten Meinungen über Wut ist, dass sie etwas "Schlechtes" ist, das immer mit Aggression, Schreien und Missbrauch einhergeht. Wut ist nicht schlimmer als Freude, Traurigkeit, Angst, Scham und Schuld. Sie ist ein grundlegendes menschliches Gefühl und kann, wie alle anderen Gefühle auch, entweder effektiv oder ineffektiv ausgedrückt werden.

In früheren Kapiteln haben wir gezeigt, wie nützlich Wut sein kann. Wut ist ein Zeichen dafür, dass du dich verändern musst, wenn du als Elternteil und Mensch vorankommen willst. Sie kann entstehen, wenn du zu nachgiebig bist und andere deine Freundlichkeit missbrauchen, wenn du deine Gefühle in dich hineinfließen lässt oder wenn du es nicht gewohnt bist, anderen gegenüber deine Grenzen selbstbewusst zum Ausdruck zu bringen.

Ein effektiver Umgang mit Wut gegenüber Kindern ist vor allem ein Projekt, bei dem man an sich selbst arbeiten muss. Es fängt damit an, dass du dir der Dinge bewusst wirst, die deine Wut auslösen können, dass du die manchmal subtilen Anzeichen dafür erkennst, dass du am Ende deiner Kräfte bist, und dass du die Situationen und/oder Menschen identifizierst, die deine Fähigkeit, ruhig zu bleiben, beeinträchtigen.

Wut ist eine Gelegenheit, sich selbst besser kennenzulernen; an deine Kindheit zurückzudenken und zu versuchen zu verstehen, warum du in angespannten Situationen bestimmte Verhaltensmuster an den Tag legst. Manche Menschen versuchen, Konflikte schnell zu lösen, andere brauchen ein wenig Zeit für sich. Manche neigen dazu, Dritte in schädliche Dreiecksverhältnisse zu verwickeln.

Um deine emotionale Intelligenz zu verbessern, musst du einen Schritt zurücktreten und ein Beobachter deiner Vergangenheit und Gegenwart sein. Denke daran, wie du dich als Kind gefühlt hast und welche Strategien deine Eltern benutzt haben, um ihre Wut auszudrücken. Wenn sie dich angeschrien, bestraft oder weggeschickt haben, ohne zu versuchen, die Ursachen für dein Verhalten zu verstehen, kann es leicht passieren, dass du in die gleiche Falle tappst, wenn du selbst Eltern wirst.

Wenn du dieses Buch liest, ist das ein Zeichen dafür, dass du dir der Gefahren von unkontrollierter Wut bewusst bist. In früheren Kapiteln haben wir verschiedene Studien vorgestellt, die zeigen, dass aggressives Verhalten viele schädliche Auswirkungen auf Kinder haben kann. Diese Auswirkungen sind langfristig und beeinträchtigen die körperliche und geistige Gesundheit der Kinder. Einige können sogar ihre Lebensspanne verkürzen oder ihr psychisches Wohlbefinden beeinträchtigen. Andere können es ihnen erschweren, gesunde Beziehungen zu anderen aufzubauen.

Deine Auslöser zu kennen und deine eigenen Emotionen zu erkennen, ist der erste Schritt, um deinem Kind zu helfen, seine Emotionen zu regulieren. Es gibt viele Strategien, die du ausprobieren kannst. Eine davon ist, an deinem Leben als Ganzes zu arbeiten, nach Ungleichgewichten zu suchen, die angegangen werden müssen, freundlicher zu dir selbst zu sein, dir eine Pause zu gönnen und bewährte Stressabbauaktivitäten wie Yoga, Achtsamkeitsmeditation und Zeit in der Natur auszuprobieren.

Wenn du den Verdacht hast, dass Ängste oder Depressionen die Situation verschlimmern oder deine

Wutausbrüche stark und/oder häufig sind, ist es wichtig, einen professionellen Therapeuten aufzusuchen. Ansätze wie die kognitive Verhaltenstherapie können dir helfen, den entscheidenden Zusammenhang zwischen deinen Gedanken, Gefühlen und deinem Verhalten zu verstehen, und du wirst durch eine Reihe praktischer Übungen angeleitet, die dir dabei helfen, effektivere Auswege aus deiner Wut zu finden.

Wenn du dein eigenes Verhalten änderst, werden deine Kinder nicht unbedingt sofort nachziehen, aber du tust mehr Gutes, als du dir vorstellen kannst, indem du positive Verhaltensweisen vorlebst. Von klein auf können Kinder einige der Techniken erlernen, die du für erfolgreich hältst. Dazu gehören das Erkennen und Benennen von Emotionen, das Herausfinden ihrer Ursache, das Einfühlen in andere, das Brainstorming von Lösungen und die Wahl einer oder mehrerer Strategien, die du beim nächsten Mal ausprobieren willst.

Während des gesamten Lernprozesses und des Ausprobierens der erlernten Strategien ist es wichtig, "das Ziel im Auge zu behalten". Wenn es zu Konflikten mit anderen kommt, auch wenn du mit den Werten und Überzeugungen, die sie vertreten, nicht einverstanden bist, konzentriere dich darauf, wie wertvoll eure Beziehung ist. Lerne, "deine Schlachten zu wählen" und sieh Konflikte als eine Gelegenheit, deine besten Teamwork-Fähigkeiten zu trainieren. Ein Konflikt ist kein Schreikampf oder ein Kampf des Willens. Es ist eine wichtige Gelegenheit für dich und deine Kinder, einander besser zu verstehen, die Komplexität, Geheimnisse und Ängste des anderen zu begreifen und diese Informationen zu nutzen, um geduldiger und verständnisvoller miteinander umzugehen.

An manchen Tagen wirst du das Gefühl haben, die Wut im Griff zu haben. An anderen Tagen hast du vielleicht das Gefühl, dass die Wut die Oberhand gewonnen hat. Wenn das der Fall ist, wende dich der Liebe zu - sie ist ein starkes Gefühl und ein grundlegendes menschliches Bedürfnis. Wenn du wütend auf dein Kind bist, denke daran, dass es genauso viel Liebe und Verständnis braucht wie du.

Manchmal brauchst du eine kleine Auszeit, um dich erholt und neu gestärkt zu fühlen. Ein anderes Mal kann ein überraschender Familienausflug die Wogen glätten und alle daran erinnern, dass ihr trotz gelegentlicher Konflikte alle ziemlich cool seid. Wenn du dich gestresst fühlst, dein Arbeitspensum zu hoch ist oder du schwere Verluste verkraften musst, dann gönne dir eine Auszeit. Gönne dir einen freien Tag, um dich zu entspannen, den Schmerz zu lindern und den Stress durch gesunde Aktivitäten zu verringern, die auch dein Kind ausprobieren kann.

Wenn du Selbstmitgefühl in den Vordergrund stellst, wird dein Kind das auch tun. Eltern spielen manchmal das "Vergleichsspiel" - ein Spiel, das für dich und dein Kind schmerzhaft und quälend sein kann. Wir hören auf, uns mit anderen zu vergleichen, wenn wir erkennen, dass unsere größten Schwächen oft auch unsere Stärken sind. Unsere Leidenschaft, unser Antrieb und unser Engagement können zu Wut führen, wenn wir das Gefühl haben, dass wir "versagt" haben, aber sie können uns auch dazu inspirieren, positive Veränderungen für uns selbst und andere vorzunehmen.

An Tagen, an denen du das Gefühl hast, das Handtuch zu werfen, denke daran, dass ein schlechter Tag weder dich noch dein Kind definiert. Versuche dich an eine Zeit in deiner Kindheit zu erinnern, in der deine Eltern mit deinen Gefühlen einfühlsam umgegangen sind, dir geholfen haben, andere zu verstehen und dich ermutigt haben, diese Beziehungen zu schätzen - auch wenn es Konflikte gab.

Wenn du eine schwierige Kindheit hattest und die elterliche Unterstützung rar war, tröste dich mit den Momenten, in denen ein Erwachsener dich unterstützt, verstanden und versucht hat, ein positives Vorbild zu sein.

Die Kindheit vergeht wie im Flug. Wenn deine Kinder das Haus verlassen, nehmen sie das Rüstzeug mit, das du ihnen gegeben hast. Du kannst sie nicht vor Stress, Schmerz oder Enttäuschungen schützen, aber du kannst ihnen beibringen, wie sie sinnvolle Beziehungen zu anderen aufbauen, Konflikte erfolgreich bewältigen und aus den schwierigsten Lektionen des Lebens einen Sinn finden können.

REFERENZEN

Agudelo, L. A., Femenía, T., Orhan, F., Porsmyr-Palmertz, M., Goiny, M., & Martinez-Redondo, V. (2014, September 25). Skeletal muscle PGC-1a1 modulates kynurenine metabolism and mediates resilience to stress-induced depression. *Cell, 159*(1), 33–45. https://doi.org/10.1016/j.cell.2014.07.051

Aha! Parenting. (n.d.). *10 ways to love the one you're with*. https://www.ahaparenting.com/blog/10-ways-to-love-the-one-youre-with

Akers, N. (2020, March 12). *How kids are perfect mirrors of their parents*. Medium. https://medium.com/publishous/how-kids-are-perfect-mirrors-of-their-parents-77c2643ad77d

American Psychological Association. (2012, August 6). *Growing up grateful gives teens multiple mental health benefits*. ScienceDaily. www.sciencedaily.com/releases/2012/08/120806093938.htm

American Psychological Association. (n.d.). *Anger*. https://www.apa.org/topics/anger

Amstadter, A. B. (2008). Emotional regulation and anxiety disorders. *Journal of Anxiety Disorders, 22*(2), 211–221. https://doi.org/10.1016/j.janxdis.2007.02.004

Andrews, M. (n.d.). *10 types of anger: What's your anger style?* Life Supports. https://lifesupportscounselling.com.au/blog/types-of-anger-styles-of-anger/

Bariso, J. J. (2016, April 11). *How to increase your emotional intelligence*. Inc. https://www.inc.com/justin-bariso/how-to-increase-your-emotional-intelligence.html

Bean, S. (n.d.). *How to find the behavioral triggers that set your kid off*. Empowering Parents. https://www.empoweringparents.com/article/how-to-find-the-behavioral-triggers-that-set-your-kid-off/

Better Health Channel. (n.d.). *Anger—How it affects people*. https://www.betterhealth.vic.gov.au/health/healthyliving/anger-how-it-affects-people

Bhattacharya, S. (2003, September 2). *Brain study links negative emotions and lowered immunity.* NewScientist. https://www.newscientist.com/article/dn4116-brain-study-links-negative-emotions-and-lowered-immunity/

BMJ Specialty Journals. (2006, August 31). *Anger and hostility speed up decline in lung power.* ScienceDaily. www.sciencedaily.com/releases/2006/08/060830215751.htm

The British Association of Anger Management. (n.d.). *Anger statistics.* https://www.angermanage.co.uk/anger-statistics/

British Council. (n.d.). *How to increase your child's attention span.* https://www.britishcouncil.my/english/courses-children/resources/attention-span

Brod, S., Rattazzi, L., Piras, G., & D'Acquisto, F. (2014, June 18). "As above, so below" examining the interplay between emotion and the immune system. *Immunology, 143*(3), 311–318. https://doi.org/10.1111/imm.12341

Brummelman, E., & Thomaes, S. (2017, September 14). How children construct views of themselves: A social-developmental perspective. *Child Development, 88*(6), 1763–1773. https://doi.org/10.1111/cdev.12961

Buric, I., Farias, M., Jong, J., Mee, C., & Brazil, I. A. (2017, June 16). What is the molecular signature of mind-body interventions? A systematic review of gene expression changes induced by meditation and related practices. *Frontiers in Immunology, 8.* https://doi.org/10.3389/fimmu.2017.00670

Calvete, E., Orue, I., Gamez-Guadix, M., & Bushman, B. J. (May, 2015). Predictors of child-to-parent aggression: A 3-year longitudinal study. *Developmental Psychology,* 51(5), 663–676. https://doi.org/10.1037/a0039092

Capriola, P. (n.d.). *How angry parents affect a child: Tips for raising healthy kids.* Strategies for Parents. https://strategiesforparents.com/angry-parents/

Carrero, K. (n.d.). *Parents who build unshakeable trust with kids have 7 things in common.* Extremely Good Parenting. https://karacarrero.com/building-trust-between-child-parent/

Carroll, J. E., Gruenewald, T. L., Taylor, S. E., Janicki-Deverts, D., Matthews, K. A., & Seeman, T. E. (2013, September 23). Childhood abuse, parental warmth, and adult multisystem biological risk in the Coronary Artery Risk Development in Young Adults study. *Proceedings of the National Academy of Sciences, 110*(42): 17149–17153. https://doi.org/10.1073/pnas.1315458110

Caruso, D., & Salovey, P. (2004). *The emotionally intelligent manager: How to develop and use the four key emotional skills of leadership*. Jossey-Bass.

Chapman, A.L., Gratz, K. L., & Brown, M. Z. (2006, March). Solving the puzzle of deliberate self-harm: The experiential avoidance model. *Behaviour Research and Therapy, 44*(3), 371–394. https://doi.org/10.1016/j.brat.2005.03.005

Chapman, B. P., Fiscella, K., Kawachi, I., Duberstein, P., & Muennig, P. (2013, October). Emotion suppression and mortality risk over a 12-year follow-up. *Journal of Psychosomatic Research. 75*(4), 381–385. https://doi.org/10.1016/j.jpsychores.2013.07.014

Chapman, G. D. (2010). *The five love languages*. Walker Large Print.

Child & Adolescent Behavioral Health. (n.d.). *Acknowledging your child's feelings will lead to resilient kids*. https://www.childandadolescent.org/raising-children-who-are-resilient/

Chung, J.E., Song, G., Kim, K., Yee, J., Kim, J. H., & Lee, K. E. (2019, April 18). Association between anxiety and aggression in adolescents: A cross-sectional study. *BMC Pediatrics, 19,* 115. https://doi.org/10.1186/s12887-019-1479-6

Ciolek, J. (2018, November 16). *How to release emotions stuck in your body*. PACEs Connection. https://www.pacesconnection.com/blog/how-to-release-emotions-stuck-in-your-body

Covington, T. (2021, August 9). *Road rage statistics in 2021*. The Zebra. https://www.thezebra.com/resources/research/road-rage-statistics

Creswell, J. D., Pacilio, L. E., Lindsay, E. K., & Brown, K. W. (2014, June). Brief mindfulness meditation training alters psychological and neuroendocrine responses to social evaluative stress. *Psychoneuroendocrinology, 44,* 1–12. https://doi.org/10.1016/j.psyneuen.

2014.02.007

Devlin, H. (2019, May 12). *Science of anger: How gender, age and personality shape this emotion.* The Guardian. https://www.theguardian.com/lifeandstyle/2019/may/12/science-of-anger-gender-age-personality

Dr. Joyce. (n.d.). *Empathy—A vital component of love—Way of love article series.* The Caring Heart with Dr. Joyce. https://www.all-creatures.org/tch/empathy.html

Durlofsky, P. (2013, November 13). *It's ok to be angry: How to avoid repression and aggression.* Main Line Today. https://mainlinetoday.com/life-style/health/its-ok-to-be-angry-how-to-avoid-repression-and-aggression/

Duke University Medical Center (2004, September 23). *Anger, hostility and depressive symptoms linked to high c-reactive protein levels.* ScienceDaily. www.sciencedaily.com/releases/2004/09/040922070643.htm

European Society of Cardiology (ESC). (2014, March 3). *Outbursts of anger linked to greater risk of heart attacks and strokes.* ScienceDaily. https://www.sciencedaily.com/releases/2014/03/140303211324.htm

Explore Learning. (2018, March 12). *Research reveals children's biggest heroes.* https://www.explorelearning.co.uk/blog/research-reveals-childrens-biggest-heroes/

Exploring your mind. (n.d.). *The traffic light system for anger management.* https://exploringyourmind.com/the-traffic-light-system-for-anger-management/

Fernandez, E. (2008, January). The angry personality: A representation on six dimensions of anger expression. *The SAGE Handbook of Personality Theory and Assessment: Volume 2—Personality Measurement and Testing,* 402–419. https://doi.org/10.4135/9781849200479.n19

Fernandez, E., & Turk, D. C. (1994, September 12). The scope and significance of anger in the experience of chronic pain. *Pain, 61*(2),165–175. https://doi.org/10.1016/0304-3959(95)00192-u

Ferrari M., Yap, K., Scott, N., Einstein, D. A., & Ciarrochi, J. (2018, February 21). Self-compassion moderates the perfectionism and depression link in both adolescence and adulthood. *PLOS ONE, 13*(2). https://doi.org/10.1371/journal.pone.0192022

Garone, S. (2020, February 24). *Mood journal 101: How to get started on controlling your emotions.* healthline. https://www.healthline.-com/health/how-to-keep-mood-journal

Gentile, D.A., Sweet, D.M., & He, L. (2019, March 21). Caring for others cares for the self: An experimental test of brief downward social comparison, loving-kindness, and interconnectedness contemplations. *Journal of Happiness Studies, 21,* 765–778. https://doi.org/10.1007/s10902-019-00100-2

George Mason University. (2009, March 19). *Key to happiness is gratitude, and men may be locked out.* ScienceDaily. www.sciencedaily.-com/releases/2009/03/090313145939.htm

Ginta, D. (2016, March 23). *The long-lasting effects of yelling at your kids.* healthline.
https://www.healthline.com/health/parenting/yelling-at-kids

Gordon, S. (n.d.). *What are the five love languages?* VeryWell Mind. https://www.verywellmind.com/can-the-five-love-languages-help-your-relationship-4783538

Gouin, J. P., Kiecolt-Glaser, J. K., Malarkey, W. B., & Glaser, R. (2008, July). The influence of anger expression on wound healing. *Brain, Behavior, and Immunity, 22*(5), 699–708. https://doi.org/10.1016/j.bbi.2007.10.013

Gray, P. (2011). The decline of play and the rise of psychopathology in children and adolescents. *American Journal of Play, 3*(4), 443–463. https://www.journalofplay.org/sites/www.journalofplay-.org/files/pdf-articles/3-4-article-gray-decline-of-play.pdf

Gu, S., Wang, F., Patel, N. P., Bourgeois, J. A., & Huang, J. H. (2019, April 24). A model for basic emotions using observations of behavior in drosophila. *Frontiers in Psychology, 10.* https://doi.org/10.3389/fpsyg.2019.00781

Gunnarsson, N. V. (2020, February 21). The self-perpetuating cycle of shame and self-injury. *Humanity & Society, 45*(3), 313–333. https://doi.org/10.1177/0160597620904475

Haimovitz, K., & Dweck, C. S. (2016). Parents' views of failure predict children's fixed and growth intelligence mind-sets. *Psychological Science, 27*(6), 859–869. https://doi.org/10.1177/0956797616639727

Harmony. (n.d.). *8 tips for redirecting a temper tantrum.* https://harmonylearning.com.au/8-tips-for-redirecting-a-temper-tantrum/

Hensley, S. (2019, June 26). *Poll: Americans say we're angrier than a generation ago.* NPR. https://www.npr.org/sections/health-shots/2019/06/26/735757156/poll-americans-say-were-angrier-than-a-generation-ago

Hirsh-Pasek, K., Golinkoff, R., & Eyer, D. (2003). E*instein never used flash cards: How our children really learn—And why they need to play more and memorize less.* Rodale. https://www.publishersweekly.com/978-1-57954-695-3

Iannelli, V. (2021, July 2). *The importance of free play for kids: There are big payoffs in letting kids be kids.* Verywell Family. https://www.verywellfamily.com/the-importance-of-free-play-2633113

Jacobson, R. (n.d.). *Teaching kids about boundaries.* Child Mind Institute. https://childmind.org/article/teaching-kids-boundaries-empathy/

Kadane, L. (2020, September 8). *10 proven ways to finally stop yelling at your kids.* Today's Parent. https://www.todaysparent.com/family/discipline/proven-ways-to-finally-stop-yelling-at-your-kids/

Kapur, R. (2021, March 21). *Understanding the types of anger.* ResearchGate. https://www.researchgate.net/publication/350235712_Understanding_the_Types_of_Anger

Kobe University. (2016, June 17). *How do your parenting methods affect your child's future?* https://www.kobe-u.ac.jp/en/NEWS/research/2016_06_17_01.html

Kochanska, G., & Kim, S. (2012, September 24). Early attachment organization with both parents and future behavior problems: From infancy to middle childhood. *Child Development, 84*(1), 283–296. https:// doi.org/10.1111/j.1467-8624.2012.01852.x

Konnikova, M. (2016, September 7). *Why are babies so dumb if humans are so smart?* The New Yorker. https://www.newyorker.com/science/maria-konnikova/why-are-babies-so-dumb-if-humans-are-so-smart

Lazarus, R. S. (1966). *Psychological stress and the coping process*. McGraw-Hill.

Leary, M. R., Tate, E. B., Adams, C. E., Batts Allen, A., & Hancock, J. (2007). Self-compassion and reactions to unpleasant self-relevant events: The implications of treating oneself kindly. *Journal of Personality and Social Psychology, 92*(5), 887–904. https://doi.org/10.1037/0022-3514.92.5.887

Lerner, H. (2005). *The dance of anger: A woman's guide to changing the patterns of intimate relationships.* Perennial Library/Harper & Row Publishers.

Lerner, H. (2017). *Why won't you apologize? Healing big betrayals and everyday hurts*. Touchstone.

Levy, T. (2020, November 15). *The benefits of calm parenting*. Evergreen Psychotherapy Center. https://www.evergreenpsychotherapycenter.com/the-power-of-calm/

Linehan, M. M. (1993). *Cognitive-behavioral treatment of borderline personality disorder.* Guilford Press.

Liu, S., Hong, X., Zhu, Z., Song, M., Liu, F., & Guo, Z. (2021, March 8). *Kicking the barking dog effect: Effects of anger and trigger identity on triggered displaced aggression*. Research Square. https://www.researchsquare.com/article/rs-279008/v1

Lonczak, H. S. (2021, August 20). *How to express your emotions in a healthy way: 20 practical tips*. PositivePsychology.com https://positivepsychology.com/express-emotions/

Luby, J. L., Barch, D. M., Belden, A., Gaffrey, M.S., Tillman, M. S., & Babb, R. (2012, February 21). Maternal support in early childhood predicts larger hippocampal volumes at school age. *Proceedings of the National Academy of Sciences Early Edition, 109*(8), 2854–2859. https://doi.org/10.1073/pnas.1118003109

Mayo Clinic. (2008, January 2). *Learning to forgive may improve well-being*. News Wise. https://www.newswise.com/articles/learning-to-forgive-may-improve-well-being

Mayo Clinic Health System. (2020, July 8). *7 tips to live a happier life*. https://www.mayoclinichealthsystem.org/hometown-health/speaking-of-health/7-tips-to-live-a-happier-life

Mayo Clinic Staff. (2021, July 29). *Stress relief from laughter? It's no joke.* Mayo Clinic. https://www.mayoclinic.org/healthy-lifestyle/stress-management/in-depth/stress-relief/art-20044456

McCrory, E. J., De Brito, S. A., Sebastian, C. L., Bird, G., Kelly, P., & Viding, E. Heightened neural reactivity to threat in child victims of family violence. *Current Biology, 21*(23), 947–948. https://doi.org/10.1016/j.cub.2011.10.015

Mehrabian, A. (1981). *Silent messages: Implicit communication of emotions and attitudes.* Wadsworth Publishing Company.

MentalHelp.net. (n.d.). *Anger styles are learned.* https://www.mentalhelp.net/anger/types/

Meredith, G. R., Rakow, D. A., Eldermire, E. R. B., Madsen, C. G., Shelley, S. P., & Sachs, N. A. (2020, January 14). Minimum time dose in nature to positively impact the mental health of college-aged students and how to measure it: A scoping review. *Frontiers in Psychology, 10.* https://doi.org/10.3389/fpsyg.2019.02942

Montijo, S. (2002, July 31). *Feeling the feels: Understanding emotions and how to talk it out.* Greatist. https://greatist.com/health/list-of-emotions

Morgan, N. (2011, September 8). *Body language quick takes: How to spot openness.* Forbes. https://www.forbes.com/sites/nickmorgan/2011/09/08/body-language-quick-takes-how-to-spot-openness/?sh=4a0a8d2a5b14

Morin, A. (2020, September 17). *How to manage anger and stress.* VeryWell Family. https://www.verywellmind.com/the-effects-of-anger-and-stress-3145076

Morin, A. (2020, December 31). *Discipline your child's behavior, not their emotions.* VeryWell Family. https://www.verywellfamily.com/discipline-your-childs-behavior-not-the-emotions-1094811

Muris, P., Steerneman, P., Merckelbach, H., & Meesters, C. (1996, March). The role of parental fearfulness and modeling in children's fear. *Behaviour Research and Therapy, 34*(3), 265–268. https://doi.org/10.1016/0005-7967(95)00067-4

Nemours KidsHealth. (n.d.). *Temper tantrums.* https://kidshealth.org/en/parents/tantrums.html

Oliver, M. (2016, October 10). *The most important thing children need is just love*. ParentCo. https://www.parent.com/blogs/conversations/the-most-important-thing-children-need-is-just-love

Paul, M. (2020, February 24). *What emotional triggers are + why you need to understand them*. Mind Body Green. https://www.mindbodygreen.com/0-18348/what-are-emotional-triggers-why-you-need-to-understand-them.html

Peterson, D. (n.d.). *Clear communication with your children*. University of Nebraska Lincoln Extension. https://child.unl.edu/4d325c2c-1457-4220-a7d2-ec1a709edc16.pdf

Piantadosi, S. T., & Kidd, C. (2016, June 21). Extraordinary intelligence and the care of infants. *Proceedings of the National Academy of Sciences of the United States of America, 113*(25), 6874–6879. https://doi.org/10.1073/pnas.1506752113

Pidgeon, A. M., & Sanders, M. R. (2009, January). Attributions, parental anger and risk of maltreatment. *International Journal of Child Health and Human Development, 2*(1), 57–69. https://www.researchgate.-net/publication/45529047_Attributions_parental_anger_and_ris-k_of_maltreatment

Primack, B. A., Shensa, A., Sidani, J. E., Escobar-Viera, C. G., & Fine, M. J. (2021, February 1). Temporal associations between social media use and depression. *American Journal of Preventive Medicine, 60*(2), 179–188. https://doi.org/10.1016/j.amepre.2020.09.014

Pruess, A. (n.d.). *The simple 3 step plan for how to stay calm with your kids*. Parents with Confidence. https://parentswithconfidence.com/how-to-stay-calm-with-kids/

Psych Central. (n.d.). *The powerful parenting tool of validation*. https://psychcentral.com/blog/the-powerful-parenting-tool-of-validation#1

Raising Children Network. (n.d.). *Positive attention and your child*. https://raisingchildren.net.au/toddlers/connecting-communicating/connecting/positive-attention

Ratson, M. (2017, March 13). *The value of anger: 16 reasons it's good to get angry*. GoodTherapy. https://www.goodtherapy.org/blog/value-of-anger-16-reasons-its-good-to-get-angry-0313175

Raypole, C. (2020, November 13). *How to identify and manage your emotional triggers.* healthline. https://www.healthline.com/health/mental-health/emotional-triggers#finding-yours

Robinson, L., Segal, J., & Smith, M. (2020, October). *Effective communication.* HelpGuide. https://www.helpguide.org/articles/relationships-communication/effective-communication.htm#

Rodman, S. (2016, May 17). *Why you shouldn't undermine your partner's parenting.* Psych Central. https://psychcentral.com/lib/why-you-shouldnt-undermine-your-partners-parenting#1

Rolston, A., & Lloyd-Richardson, E. (n.d.). *What is emotion regulation and how do we do it?* Cornell Research Program on Self-Injury and Recovery. http://www.selfinjury.bctr.cornell.edu/perch/resources/what-is-emotion-regulationsinfo-brief.pdf

Rosenkranz, M. A., Jackson, D. C., Dalton, K. M., Dolski, I., Ryff, C. D., & Singer, B. H. (2003, September 16). Affective style and in vivo immune response: Neurobehavioral mechanisms. *Proceedings of the National Academy of Sciences, 100*(19), 11148–11152. https://doi.org/10.1073/pnas.1534743100

Russ, K. (2017, May 22). *5 ways to let go of anger and live a happier life.* Addicted2Success. https://addicted2success.com/life/5-ways-to-let-go-of-anger-and-live-a-happier-life/

Salguero, J. M., García-Sancho, E., Ramos-Cejudo, J., & Kannis-Dymand, L. (2020, January). Individual differences in anger and displaced aggression: The role of metacognitive beliefs and anger rumination. *Aggressive Behavior, 46*(2), 162–169. https://doi.org/10.1002/ab.21878

Sanchez-Villegas, A., Delgado-Rodriguez. M., Alonso, A., Schlatter, J., Lahortiga, F., Majem, L. S., & Martinez-González, M. A. (2009). Association of the Mediterranean dietary pattern with the incidence of depression. *Archives of General Psychiatry, 66*(10), 1090–1098. https://doi.org/10.1001/archgenpsychiatry.2009.129

Savage, J. (n.d.). *Why having fun with family is important.* iMOM. https://www.imom.com/why-having-fun-with-family-is-important/

Schupak, A. (2015, December 4). *13 things you can do to improve your mood in 30 seconds or less.* SELF. https://www.self.com/story/13-

things-you-can-do-to-improve-your-mood-in-30-seconds-or-less

Scott, E. (n.d.). *How to deal with negative emotions and stress.* VeryWell Mind. https://www.verywellmind.com/how-should-i-deal-with-negative-emotions-3144603

Seunagal, G. (2020, December 29). *What does angry body language look like?* Betterhelp. https://www.betterhelp.com/advice/anger/what-does-angry-body-language-look-like/

Sibonney, C. (2021, March 3). *This might be why you're getting so mad at your kids.* Today's Parent. https://www.todaysparent.com/family/parenting/parenting-triggers/

Sicinski, A. (2018, December 10). *The only guide you'll need for reframing your thoughts using NLP.* IQ MATRIX. https://blog.iqmatrix.-com/reframing-thoughts

Simon, E. B., Rossi, A., Harvey, A.G., & Walker, M. P. (2019, November 4). Overanxious and underslept. *Nature Human* Behaviour, *4,* 100–110. https://doi.org/10.1038/s41562-019-0754-8

Slone, M., & Shoshani, A. (2017, August 23). Children affected by war and armed conflict: Parental protective factors and resistance to mental health symptoms. *Frontiers in Psychology, 8.* https://doi.org/10.3389/fpsyg.2017.01397

Stosny, S. (2018, December 19). *The function of anger and resentment.* Psychology Today. https://www.psychologytoday.com/us/blog/anger-in-the-age-entitlement/201812/the-function-anger-and-resentment

Strayer, J. (2004, April 15). Children's anger, emotional expressiveness, and empathy: Relations with parents' empathy, emotional expressiveness, and parenting practices. *Social Development, 13*(2), 229–254. https://doi.org/10.1111/j.1467-9507.2004.000265.x

Suffren, S., La Buissonnière-Ariza, V., Tucholka, A., Nassim, M., Séguin, J. R., Boivin, M., Kaur Singh, M., Foland-Ross, L. C., Lepore, F., Gotlib, I. H., Tremblay, R. E., & Maheu, F. S. (2021, March 22). Prefrontal cortex and amygdala anatomy in youth with persistent levels of harsh parenting practices and subclinical anxiety symptoms over time during childhood. *Development and Psychopathology,* 1-12. https://doi.org/10.

1017/S0954579420001716

Sugarman, L. (2017, April 15). *Why children need time to relax too.* Welldoing.org. https://welldoing.org/article/why-children-need-time-to-relax-too

The Telegraph. (2009, September 2). *Chavs top the list of 100 most annoying things.* https://www.telegraph.co.uk/news/newstopics/howaboutthat/6131120/Chavs-top-the-list-of-100-most-annoying-things.html

The Telegraph. (2009, September 3). *The 100 most annoying things: Poll.* https://www.telegraph.co.uk/news/picturegalleries/howaboutthat/6131208/The-100-most-annoying-things-poll.html

Tolle, E. (1999). *The power of now: A guide to spiritual enlightenment.* New World Library.

Touro University Worldwide. (n.d.). *5 ways to improve your communication skills.* https://www.tuw.edu/program-resources/good-communication/

Trinity College Dublin. (2018, May 10). *The Yogi masters were right —Meditation and breathing exercises can sharpen your mind: New research explains link between breath-focused meditation and attention and brain health.* ScienceDaily. www.sciencedaily.com/releases/2018/05/180510101254.htm

UNICEF. (2021, January 4). *The science of love in childhood: Conversations with leading experts in childhood love, adversity and mental health.* https://www.unicef.org/stories/science-of-love-in-childhood

University of California-Los Angeles. (2007, June 22). *Putting feelings into words produces therapeutic effects in the brain.* ScienceDaily. www.sciencedaily.com/releases/2007/06/070622090727.htm

University of Maryland. (2012, September 13). *Exercise may protect against future emotional stress, study shows.* ScienceDaily. www.sciencedaily.com/releases/2012/09/120913123629.htm

Walsh, L. M., Wolk, C. B., Becker-Haimes, E. M., Jensen-Doss, A., & Beidas, R. S. (2018). The relationship between anger and anxiety symptoms in youth with anxiety disorders. *Journal of Child and Adolescent Counseling,* *4*(2), 117–133. https://doi.org/10.1080/23727810.2017.1381930

Waters, S., Karnilowicz, H. R., West, T. V., & Mendes, W. B. (2020). Keep it to yourself? Parent emotion suppression influences physiological linkage and interaction behavior. *Journal of Family Psychology, 34*(7), 784–793. https://doi.org/10.1037/fam0000664

Whitener, S. (2018, March 8). *The benefits of expressing your emotions.* Forbes. https://www.forbes.com/sites/forbescoachescouncil/2018/03/08/the-benefits-of-expressing-your-emotions/?sh=29a7215d4443

Wiley-Blackwell. (2010, September 23). *Anger amplifies clinical pain in women with and without fibromyalgia; Sensitizing effect of anger and sadness not limited to fibromyalgia patients.* ScienceDaily. www.sciencedaily.com/releases/2010/09/100923104138.htm

Williams, J. A. (n.d.). *Why do people take out their anger on others? And what to do about it!* Heartmanity's Blog. https://blog.heartmanity.com/why-do-people-take-out-their-anger-on-others-and-what-to-do-about-it

Williams, R. (2017, November 7). Anger as a basic emotion and its role in personality building and pathological growth: The neuroscientific, developmental and clinical perspectives. *Frontiers in Psychology, 8.* https://doi.org/10.3389/fpsyg.2017.01950

Wolf, J. (2020, September 4). *Why shaming your kids isn't effective discipline.* Verywell Family. https://www.verywellfamily.com/why-you-shouldnt-shame-your-children-4089277

Printed in Poland
by Amazon Fulfillment
Poland Sp. z o.o., Wrocław

21537517R00133